Sieben Leben

Katzengeschichten, die bleiben

Ausgewählt von
Christine Stemmermann

Diogenes

Mitarbeit: Shelagh Armit
Nachweis am Schluss des Bandes
Covermotiv: Copyright © Diogenes Verlag

Originalausgabe

www.diogenes.ch
120/19/44/1
ISBN 978 3 257 24485 4

Diogenes Taschenbuch 24485

de
te
be

Inhalt

HENRY SLESAR

Mein Vater, der Kater

Meine Mutter war eine liebreizende, zarte Frau, die von der bretonischen Küste stammte, nur schlecht auf weniger als drei Matratzen schlafen konnte und einmal, so wurde berichtet, in ihrem Garten von einem herabfallenden Blatt verletzt worden war. Mein Großvater, Abkömmling einer alten französischen Adelsfamilie, die die Revolution überlebt hatte, hegte den zarten Körper und Geist seiner Tochter mit jener liebevollen Zuwendung, die man seltenen, nur kurz blühenden Blumen angedeihen lässt. Aufgrund des Gesagten ist leicht vorstellbar, was er von einer Verehelichung hielt. Er lebte in der steten Angst vor einem gewöhnlichen Menschen mit riesigen, ungeschickten Pranken, der möglicherweise eines Tages das Herz meiner Mutter gewann – und am Ende war es diese andauernde Angst, die ihn umbrachte. Seine Sorge war jedoch völlig unnötig gewesen, denn meine Mutter entschied sich für einen Freier, der so bar jeder Brutalität war, wie man es sich von einem Ehemann nur wünschen konnte. Ihre Wahl fiel auf Dauphin, einen bemerkenswerten weißen Kater, einen Streuner, der kurz nach dem Tod meines Großvaters auf unserem Familienbesitz erschien.

Dauphin war ein ungewöhnlich großer Angorakater, und seine Fähigkeit, ein kultiviertes Französisch, Englisch und

Italienisch zu sprechen, genügte, meine Mutter dazu zu bewegen, ihn als Haustier zu adoptieren. Jedoch wurde ihr schon bald klar, dass Dauphin einen höheren Status verdiente, und so avancierte er zu ihrem Freund, Beschützer und Vertrauten. Er sprach nie über seine Herkunft und auch nicht darüber, wo er die klassische Bildung erworben hatte, die ihn zu einem so unterhaltsamen Begleiter machte. Nach zwei Jahren fiel es meiner Mutter, die in gewissem Sinne eine nicht zu dieser Welt gehörende Frau war, leicht, die Differenzen in der Spezies zu übersehen. Im Grunde genommen war sie sogar davon überzeugt, dass es sich bei Dauphin um einen verzauberten Prinzen handelte, und Dauphin seinerseits nahm Rücksicht auf ihre Illusionen und redete ihr diesen Glauben nie aus. Am Ende wurden sie von dem verständnisvollen Priester des Ortes getraut, der in den Ehevertrag mit großem Ernst den Namen Edwarde Dauphin eintrug.

Ich, Etienne Dauphin, bin beider Sohn.

Um ehrlich zu sein, bin ich ein gutaussehender Jüngling, in der Feinheit der Züge meiner Mutter nicht unähnlich. Das Erbe meines Vaters wird in meinen großen felinen Augen, meinem schlanken Körper und der Schnelligkeit meiner Bewegungen erkennbar. Beim Tod meiner Mutter war ich vier Jahre alt und blieb in der Obhut meines Vaters und der Schar seiner Diener. Ich hätte mir gar kein schöneres Aufwachsen wünschen können. Alles, was ich an Fähigkeiten und Vorzügen habe, verdanke ich der geduldigen Erziehungsarbeit meines Vaters. Es war mein Vater, der Kater, der mir mit sanften Pfoten den Weg zu den Schatzkammern der Literatur, Kunst und Musik wies, dessen Schnurrhaare angesichts einer gut zubereiteten Gans, einer vollendet servierten Mahlzeit oder eines richtig gewählten Weins vor Vergnügen knisterten. Wie viele glückliche Stunden haben wir zwei zusammen verbracht! Mein Vater, der Kater, wusste mehr über das Leben und die Geisteswissenschaften als jeder Mensch, der mir in den dreiundzwanzig Jahren meines Daseins begegnet ist.

Bis zum Alter von achtzehn Jahren war meine Erziehung sein persönliches Anliegen. Dann hatte er jedoch den Wunsch, mich in die Welt vor den Toren unseres Besitzes hinauszuschicken. Er wählte für mich eine Universität in Amerika, denn er empfand eine tiefe Zuneigung zu diesem, wie er es nannte, »großen, rohen Land«. Er hoffte dabei, dass die Aggressivität der struppigen, kläffenden Köter, denen dort zu begegnen sich gar nicht vermeiden ließe, der Entwicklung meiner katzenhaften Fähigkeiten dienlich sein würde.

Ich muss gestehen, dass meine frühen Jahre in Amerika nicht uneingeschränkt glücklich waren, denn schließlich war ich ja der Annehmlichkeiten unseres Besitzes und der Klugheit meines Vaters, des Katers, verlustig gegangen. Aber dann lebte ich mich doch ein und bekam sogar nach Abschluss des Studiums die Stelle in einem Städtischen Kunstmuseum, um die ich mich beworben hatte. Dort lernte ich Joanna kennen, die junge Frau, die ich zu heiraten gedachte. Joanna war die Tochter eines Viehzüchters und geprägt vom großen Südwesten Amerikas. Ihr Gesicht und ihr Körper waren von jener blühenden Vitalität, von jener tatkräftigen Robustheit, wie sie die Weite des Himmels und der Wüste hervorbringt. Ihr Haar war nicht das Gold des

Altertums, sondern neues, eben erst den schwarzen Felsen abgerungenes. Ihre Augen waren nicht wie die Diamanten der Alten Welt, sondern ihr Funkeln war das des Sonnenlichts auf einem über Steine talwärts plätschernden Flüsschen. Ihre Gestalt stach ins Auge, war ein offenes Bekenntnis zu ihrem Geschlecht.

Vielleicht war sie für den Sohn einer feenhaften Mutter und eines Angorakaters eine recht ungewöhnliche Wahl, aber schon als wir uns zum ersten Mal in die Augen sahen, wusste ich, dass ich Joanna eines Tages mit nach Hause nehmen und dem Vater als meine Verlobte vorstellen würde.

Verständlicherweise sah ich diesem Ereignis mit einiger Beklommenheit entgegen. Mein Vater hatte mir vor meiner Abreise nach Amerika manch guten Rat erteilt, hatte dabei aber auch auf nichts größeren Wert gelegt als darauf, dass alles, was ihn betraf, geheim zu bleiben hätte. Er versicherte mir, dass mir die Preisgabe meiner Herkunft väterlicherseits nichts als Spott und Unglück eintragen werde. Dieser Rat war natürlich vernünftig, und so wusste Joanna nicht, dass das Ziel unserer Reise der Besitz eines großen, kultivierten und sprechenden Katers sein würde. Ich hatte absichtlich den Eindruck erweckt, verwaist zu sein, denn ich war der Ansicht, dass allein der Wohnsitz meines Vaters in Frankreich als Ort infrage kam, um Joanna die Wahrheit zu offenbaren. Ich bezweifelte nicht, dass sie ihren Schwiegervater problemlos annehmen würde. Waren nicht auch annähernd zwanzig menschliche Bedienstete ihrem katzenhaften Herrn fast eine Generation lang treu ergeben geblieben?

Wir waren übereingekommen, am 1. Juni zu heiraten,

und gingen deshalb am 4. Mai in New York an Bord des Flugzeuges nach Paris. In Orly holte uns François, der ernste Diener meines Vaters, ab. Er war nicht einfach nur zu unserer Begleitung abgestellt worden, sondern auch als Aufsichtsperson, denn für meinen Vater hatten viele der Anstandsregeln der Alten Welt ihre Gültigkeit noch nicht verloren. Bis zu unserem Besitz in der Bretagne war es eine lange Autofahrt, und ich muss gestehen, dass ich während der ganzen Zeit in brütendem Schweigen verharrte, was Joanna offenkundig verwirrte.

Als dann jedoch das große Schloss, das unser Zuhause war, vor uns auftauchte, wurden meine Befürchtungen und Zweifel schnell zerstreut. Joanna war – wie so viele Amerikaner – von der Aura der Altehrwürdigkeit und Herrschaftlichkeit tief beeindruckt. François gab sie in die Obhut von Madame Jolinet, die beim Anblick dieser frischen, blonden Schönheit die dicken Hände zusammenschlug und dann, als sie sie zu ihrem Zimmer im Obergeschoß geleitete, plapperte und gackerte wie eine Henne. Was mich anging, so hatte ich nur einen Wunsch, nämlich meinen Vater, den Kater, zu begrüßen.

Er empfing mich in der Bibliothek, wo er – in seinem Lieblingssessel am Kamin zusammengerollt, einen großen Kognakschwenker neben sich – ungeduldig unsere Ankunft erwartet hatte. Als ich eintrat, hob er förmlich eine Pfote, aber dann ließ die Freude des Wiedersehens seine Zurückhaltung dahinschmelzen, und er scheute sich nicht, mir selig das Gesicht abzulecken.

François schenkte ihm nach und auch mir ein Glas ein, und wir hoben die Gläser und tranken uns zu.

»Auf dein Wohl, mein Schnurrer«, sagte ich, den Kosenamen aus Kindertagen benutzend.

»Auf Joanna«, sagte mein Vater. Er leckte sich die Lippen und strich sich ernst über seine Schnurrhaare. »Und wo steckt dieses Juwel?«

»Bei Madame Jolinet. Sie wird gleich herunterkommen.«

»Und du hast ihr alles erzählt?«

»Nein, mein Schnurrer, das habe ich nicht. Ich hielt es für das Beste, damit zu warten, bis wir zu Hause wären. Sie ist eine wunderbare Frau«, setzte ich leidenschaftlich hinzu. »Sie wird nicht –«

»Entsetzt sein?«, unterbrach mich mein Vater. »Was lässt dich so sicher sein, mein Sohn?«

»Die Tatsache, dass sie eine großherzige Frau ist«, antwortete ich beherzt. »Sie hat ein feines College für Mädchen im Osten Amerikas besucht. Ihre Vorfahren waren robuste Leute, die viel auf Legenden und Folklore gaben. Sie ist eine warmherzige, sehr menschliche Person –«

»Menschlich«, seufzte mein Vater, der Kater, und sein Schwanz zuckte. »Du erwartest zuviel von deiner Geliebten, Etienne. Selbst die beste aller Frauen dürfte angesichts der Gegebenheiten mit Bestürzung reagieren.«

»Aber meine Mutter –«

»Deine Mutter war eine Ausnahme, ein Kind der Feen. Du darfst in Joannas Augen nicht die Seele deiner Mutter suchen.« Er sprang von seinem Sessel, kam zu mir und legte mir eine Pfote aufs Knie. »Ich bin froh, dass du ihr nichts von mir erzählt hast, Etienne. Jetzt darfst du dieses Schweigen nicht mehr brechen.«

Ich war entsetzt. Ich langte nach unten und berührte das

seidenweiche Fell meines Vaters. Es bekümmerte mich, wie in seinen grauen, goldgesprenkelten Augen und in dem Hauch von Gelb, den sein weißes Fell zeigte, sein Alter sichtbar wurde.

»Nein, mein Schnurrer«, sagte ich, »Joanna muss die Wahrheit erfahren. Sie soll wissen, wie stolz ich bin, der Sohn von Edwarde Dauphin zu sein.«

»Dann wirst du sie verlieren.«

»Nie und nimmer. Das wird niemals geschehen.«

Mein Vater ging steif zum Kamin, starrte in die graue Asche. »Klingle bitte nach François«, sagte er schließlich. »Er soll Feuer machen, mir ist kalt, Etienne.«

Ich ging zu der Klingelschnur und zog daran. Mein Vater wandte sich zu mir um und sagte: »Du musst noch warten, mein Sohn. Vielleicht heute Abend beim Essen. Bis dahin sag ihr nichts.«

»Gut, Vater«

Ich verließ die Bibliothek und traf Joanna oben auf der Treppe. Sie sagte ganz aufgeregt: »Oh, Etienne, was für ein wunderschönes Haus! Ich weiß, dass ich es mögen werde. Können wir uns auch noch den Rest anschauen?«

»Natürlich«, antwortete ich.

»Du siehst besorgt aus. Stimmt etwas nicht?«

»Nein, nein, alles in Ordnung. Ich dachte gerade, wie schön du doch bist.«

Wir umarmten uns, und ihr warmer, voller Körper, der sich an den meinen drückte, bestärkte mich in der Überzeugung, dass nichts uns je trennen können würde. Sie hakte sich bei mir unter, und wir durchschritten die großen Räume des Hauses. Joanna war angesichts ihrer Größe und

Eleganz vollkommen außer sich, stieß beim Anblick der Teppiche, verschnörkelten Möbelstücke, des alten Silbers und Zinns und der Galerie von Familienbildern kleine Entzückensschreie aus. Als sie ein frühes Porträt meiner Mutter entdeckte, umflorte sich ihr Blick.

»Sie war wunderhübsch«, sagte sie. »Wie eine Prinzessin. Aber was ist mit deinem Vater? Gibt es von ihm kein Bild?«

»Nein«, sagte ich schnell. »Kein Bild.« Ich hatte Joanna damit zum ersten Mal angelogen, denn es gab ein halb vollendetes Porträt, das meine Mutter in ihrem letzten Lebensjahr begonnen hatte. Es war ein leicht hingetuschtes Aquarell, und zu meiner Bestürzung entging es Joanna nicht.

»Was für eine tolle Katze!«, rief sie aus. »War das ein Haustier?«

»Das ist Dauphin«, erwiderte ich nervös.

Sie lachte. »Die Katze hat deine Augen, Etienne.«

»Joanna, ich muss dir etwas sagen –«

»Und dieser grimmige Herr da mit dem Schnurrbart? Wer ist das?«

»Mein Großvater. Joanna, du musst mir jetzt mal zuhören –«

François, der uns auf unserem Rundgang wie ein Schatten gefolgt war, fiel mir ins Wort. Ich hatte den Verdacht, dass er den Augenblick nicht zufällig gewählt hatte. »Es wird um halb acht aufgetragen«, sagte er. »Wenn die Dame sich noch umziehen möchte –«

»Aber natürlich«, sagte Joanna. »Entschuldigst du mich bitte, Etienne?«

Ich verbeugte mich, und schon war sie weg.

Eine Viertelstunde vor dem Abendessen war ich fertig und eilte nach unten, um noch einmal mit meinem Vater zu sprechen. Er war im Esszimmer und gab den Dienern Anweisungen, wie der Tisch zu decken sei. Mein Vater war auf die Erstklassigkeit seiner Tafel stolz und nahm alle Mahlzeiten in großem Stil ein. Eine solche Wertschätzung des Essens und Trinkens hatte ich bei anderen nie erlebt, und es war mir immer ein großes Vergnügen gewesen, ihm bei Tisch zuzuschauen, wie er über den Damast stolzierte und aus den Silberschälchen all das aß, was für ihn zubereitet worden war. Jetzt tat er so, als wäre er viel zu beschäftigt mit den Vorbereitungen des Essens, um sich mit mir unterhalten zu können, aber ich ließ nicht locker.

»Ich muss unbedingt mit dir sprechen«, sagte ich. »Wir müssen gemeinsam entscheiden, wie wir vorgehen wollen.«

»Es wird nicht leicht werden«, antwortete er mit einem Zwinkern. »Sieh es doch mal mit Joannas Augen. Eine Katze, die so groß und alt ist wie ich, bietet schon Anlass genug zu Bemerkungen. Aber eine Katze, die auch noch spricht, die ist beunruhigend. Eine Katze, die mit den Bewohnern des Hauses an einem Tisch isst, die ist schockierend. Und eine Katze, die du dir als –«

»Hör auf!«, rief ich aus. »Joanna muss die Wahrheit erfahren, und du musst mir dabei helfen, sie ihr beizubringen.«

»Du willst also meinem Rat nicht folgen?«

»Immer, nur in dieser Sache nicht. Unsere Ehe kann nicht glücklich werden, wenn Joanna dich nicht so akzeptieren kann, wie du bist.«

»Und wenn es keine Hochzeit gibt?«

Eine solche Möglichkeit wollte ich einfach nicht in Betracht ziehen. Joanna war mein – daran konnte nichts etwas ändern. Mein Vater musste den Schmerz und die Verwirrung in meinem Blick bemerkt haben, denn er berührte meinen Arm sanft mit einer Pfote und sagte: »Ich werde dir helfen, Etienne. Du musst mir vertrauen.«

»Immer!«

»Dann komm mit Joanna zum Essen und sag ihr nichts. Wartet auf mein Erscheinen.«

Ich ergriff seine Pfote und führte sie an meine Lippen. »Ich danke dir, Vater.«

Er wandte sich an François und sagte barsch: »Du hast meine Anweisungen gehört?«

»Ja, Herr«, antwortete der Diener.

»Dann ist alles bereit. Ich gehe jetzt auf mein Zimmer, Etienne, und du kannst deine Verlobte zum Essen holen.«

Ich eilte nach oben und traf Joanna fertig umgezogen an – unendlich schön in schimmerndem weißen Satin. Wir schritten zusammen die breite Treppe hinunter und betraten das Esszimmer.

Joannas Augen leuchteten, als sie das großartige Service sah, das aufgedeckt worden war, und die wie Soldaten aufgereihten edlen Weine, die zum Teil schon eingeschenkt worden waren – Haut Médoc aus St. Éstèphe, Chablis, Champagner aus Épernay und auch ein amerikanischer Wein aus dem Napa Valley, den mein Vater sehr schätzte. Während wir unseren Apéritif nahmen, wartete ich gespannt auf das Erscheinen meines Vaters. Joanna plauderte über harmlose Dinge und hatte keine Ahnung, welche Qualen ich durchlitt.

Um acht war mein Vater immer noch nicht da, und ich wurde noch unruhiger, als François das Zeichen gab, dass die Bouillon au Madère aufgetragen wurde. Hatte er es sich anders überlegt? Würde es mir überlassen sein, Joanna alles ohne seine Mithilfe zu erklären? Bis zu diesem Augenblick war mir nicht klargewesen, was für eine schwere Aufgabe ich mir selbst zugewiesen hatte, und mich überkam die fürchterliche Angst, Joanna doch zu verlieren. Die Suppe wollte mir wässrig und nach nichts schmeckend erscheinen, und das Elend, das sich in meinem Verhalten ausdrückte, war viel zu offensichtlich, als dass es Joanna hätte entgehen können.

»Was ist denn, Etienne?«, fragte sie. »Du bist schon den ganzen Tag so zerstreut. Kannst du mir nicht sagen, was los ist?«

»Nein, nein, es ist nichts. Es ist nur –« Ich brach ab, vermochte den Impuls aber nicht zu unterdrücken. »Joanna, es gibt da etwas, was ich dir sagen muss. Etwas, was meine Mutter und meinen Vater betrifft –«

François räusperte sich laut. Er wandte sich zur Tür um, und unsere Blicke folgten dem seinen.

»O Etienne!«, rief Joanna mit einer Stimme aus, in der Freude mitschwang.

Hereingekommen war mein Vater, der Kater, und betrachtete uns mit seinen grauen, gelbgesprenkelten Augen. Dann näherte er sich dem Esstisch, wobei er Joanna ängstlich und vorsichtig ansah.

»Das ist ja die Katze von dem Bild!«, sagte Joanna. »Du

hast mir gar nicht gesagt, dass sie hier ist, dass sie lebt, Etienne. Was für ein hübsches Tier!«

»Joanna, das ist –«

»Der Kater Dauphin! Ich hätte ihn überall und immer wiedererkannt. Komm zu mir, Dauphin. Miez, miez, miez, na, komm doch mal her.«

Mein Vater näherte sich langsam ihrer ausgestreckten Hand und gestattete ihr, ihm das dichte Fell in seinem Nacken zu kraulen.

»Was für ein süßes kleines Pussiekätzchen! Was für ein liebes kleines Ding!«

»Joanna!«

Sie hob meinen Vater vom Boden auf, setzte ihn auf ihren Schoß und gab flötend all die albernen Wörter von sich, mit denen Frauen ihre kleinen Lieblinge zu bedenken pflegen. Der Anblick schmerzte und verwirrte mich, und ich suchte nach eröffnenden Worten, die es mir ermöglichen könnten, alles zu erklären, wobei ich gleichzeitig hoffte, dass mein Vater dies tun würde.

Und dann sprach mein Vater auch. Er sagte: »Miau.«

»Hast du Hunger?«, fragte Joanna besorgt. »Hat unser kleines Kätzchen ein Hüngerchen?«

»Miau«, sagte mein Vater erneut, und mir war in diesem Augenblick so, als bräche mir das Herz. Er sprang von Joannas Schoß und trottete durchs Esszimmer. Ich sah mit verschleiertem Blick, wie er François in die Ecke folgte, in die der Diener eine flache Schale mit Milch stellte. Dauphin schleckte sie eifrig auf, bis auch der letzte weiße Tropfen fort war. Dann gähnte er und streckte sich und ging gemächlich zurück zur Tür, wobei er einen flüchtigen Blick in meine Richtung warf – einen Blick, in welchem sehr deutlich zu lesen stand, was ich nun zu tun hatte.

»Was für ein herrliches Tier!«, rief Joanna aus.

»Ja«, sagte ich, »der Kater war der absolute Liebling meiner Mutter.«

TESSA KORBER

Bonnard

Mein Name ist Bonnard. Ich wohne auf dem Friedhof von Montmartre. Es ist kein schlechter Ort, still, grün, mit frischer Erde für die gewissen Bedürfnisse, was in der Stadt keine Selbstverständlichkeit ist. Mit warmen Ruheplätzen in der Sonne, Gewölben und Löchern zum Unterschlüpfen und – was Sie nicht wahrnehmen können mit Ihren Ohren – erfüllt vom ewig raschelnden, fiependen, trippelnden, zuckenden, atmenden Lied der Mäuse. Es erklingt überall, es hüllt mich ein wie eine Decke. Es ist immer da. Sie sollten sich einmal in Ruhe hinsetzen, die Ohren aufstellen und die Schnurrhaare – ach, und da beginnen die Probleme schon wieder. Sie haben ja gar keine. Und diejenigen unter Ihnen, die einen Schnurrbart besitzen, können nicht damit hören. Genauso wenig, wie Sie mit Ihren Pfoten sehen können. Pardon, mit Ihren Fingern. Trösten Sie sich, dafür vermögen Sie damit so schöne Dinge zu erschaffen wie diesen Ort, mein Zuhause.

Sie denken, wir würden Sie mit unseren Katzenaugen schon seit der Zeit des Pyramidenbaus beobachten. Und – aber das wollen Sie ungern zugeben – wir hätten dabei all Ihre Geheimnisse erfahren. Menschen sind schon seltsam. Über solche Dinge machen Sie sich einen Kopf, aber an das Naheliegendste denken Sie nicht. Was das ist, das Naheliegendste? Typisch, dass Sie das fragen müssen.

Im Moment liege ich hier auf dieser Bank aus Schmiedeeisen und grünem Holz. Mein rotes Fell leuchtet in der Sonne, derselben Sonne, die all die Steine ringsum erwärmt: die steilen gepflasterten Straßen von Montmartre, auf denen in diesem Moment das Wasser der Straßenreinigung hinuntersprudelt, hinaus auf den Boulevard de Clichy und hinein nach Paris. Die Häuser in den engen Gassen sind alt, alle stehen schon lange hier und atmen ihre Geschichte. Die Sonne braucht lange, bis sie ihre Fundamente erreicht. Die Kirchen und Treppen und Türme dagegen streben steil aufwärts, hoch hinauf bis zur weißen Kuppel von Sacré-Cœur, die sich in einen blauen Himmel streckt, der sich wie ein seidenes Zelt über die ganze Stadt spannt.

Die Mausoleen und Gräber rings um mich bilden eine eigene kleine Stadt, nicht der Toten, sondern des Erinnerns. Auch hier dominieren die Lebenden, gerade hier. Sie fahren auf der Straße, die auf gusseisernen Stelzen über den Friedhof hinwegführt. Die Rue Caulaincourt ist ein Viadukt, in dem der Verkehr rauscht. Sie gießen und gärtnern zwischen den Gräbern oder laufen mit Kameras und Karten herum und suchen raschelnd und beratschlagend die Ruhestätten von prominenten Persönlichkeiten. Sie alle liegen mir nahe.

Ich mag die Menschen. Und zugegeben, ich weiß einiges über sie. Auch wenn ich damals bei den Pyramiden nicht dabei war. Keiner von uns war das, schätze ich. Allenfalls

Dégas, ja, bei Dégas, dem großen Schwarzen, an dem sich kein einziges helles Haar befindet, bei dem würde ich es für möglich halten, dass er die Geheimnisse aller neun Katzenleben kennt und noch einiges darüber hinaus. Aber sonst?

Ich bin nicht der einzige Kater auf dem Friedhof, viele unserer Gemeinschaft leben hier. Junge Dinger, die kommen und gehen. Die sich nicht zu schade sind, in einer Gruft zu nächtigen oder sich in einer leeren Blumenschale zusammenzurollen. Manche spielen mit den ausgebleichten Bändern der Grabkränze, zum Entzücken der Leute. Nun ja.

Meine Aufgabe ist eine andere.

Ich bin für die Menschen da, die der Toten wegen kommen. Sie spazieren herein, hantieren ein wenig mit der Kanne und der Harke, die sie hinter dem Grabstein versteckt haben, zupfen und richten die Blumen; einige sprechen ein Gebet. Und früher oder später setzen sie sich zu mir auf die Bank. Ich tue nichts, das ist gar nicht nötig. Es dauert nicht lange, bis sie die Hand ausstrecken, um mir unbeholfen über den Kopf zu streicheln oder mich am Kinn zu kraulen. Ich rühre mich noch immer nicht. Sie bemerken von selber, wie leicht ihre Hand über meinen Körper gleitet. Wie von selbst, wie dafür gemacht.

Der zweite Streichler ist schon glatter, flüssiger, länger. Ich schmiege mich an die Bewegung an, dehne mich. Ihre Finger finden genau den richtigen Widerstand in meinem Fell, um darin zu spielen. Es geht ganz einfach. Nur ein Weilchen, und wir sind eins, meine Menschen und ich. Sie atmen ruhiger, ihr Puls verlangsamt sich. Ich schnurre dazu und weiß, wie es ihnen geht. Denn es geht mir genauso.

Und dann, ganz sacht, manchmal stockend und manches Mal wie ein Wasserfall, beginnen sie zu erzählen.

So wie Madame Valladon. Sie kommt schon lange hierher, viel zu lange. Wenn sie am Grab ihres Vaters die Begonien gerichtet hat, setzt sie sich jedes Mal zu mir. Sie ist eine von denen, die mit meinem schönsten Schnurren belohnt werden, dem tiefen, das wie eine Wolke Bienen in der Luft steht. Und dazu schenke ich ihr einen Blick aus meinen ägyptischen Augen.

»Ach, Bonnard«, sagt Madame Valladon dann. Sie riecht nach Butter und Hefe, denn sie ist Pâtissière.

Schnurren, einatmen.

»Mein Vater hat es nicht leicht gehabt.«

Schnurren, ausatmen.

»Dreißig Jahre! Dreißig Jahre hat er im Gefängnis verbracht. Und weißt du, was er am Ende gesagt hat?«

Inzwischen kenne ich die Geschichte gut. Ihr Vater Marcel war siebzehn, als er verhaftet wurde. Und ihre Mutter ein schwangerer Teenager, die aus allen Wolken fiel, als sie davon erfuhr. Marcel hätte Konditor werden sollen, wie alle Valladons vor ihm seit dem Tag, da ihr Vorfahr, der jüngste Sohn eines armen Bauern in der Provence, sich auf dem Montmartre ein Zimmer genommen hatte, auf der Suche nach einer besseren Zukunft. Damals fuhren die Eisenbahnen noch mit Dampf.

Der Montmartre hat viele Gesichter, immer schon. Die Pâtisserie der Valladons liegt, so unscheinbar sie hinter ihrem grün gestrichenen Rollladen wirkt, am Schnittpunkt vieler Welten: Abwärts findet man die Cafés, Boutiquen und Galerien des mondänen Paris, oberhalb die Touristenwelt von Sacré-Cœur. Rechts geht es in die Viertel, die heute Afrika gehören und von denen es heißt, dass sie dort schwarze Katzen für Voodoo-Rituale benutzen. Links liegt das Moulin Rouge, seit jeher Mittelpunkt des Rotlichtmilieus. Den jungen Marcel zog es eher nach links. Seine Familie vermietete damals die Zimmer im dritten Stock an Touristen. Dort wohnten zu der Zeit ein deutscher Schriftsteller mit Frau und Sohn, den der Mythos vom Künstlerviertel angezogen hatte. Einen Roman wollte er schreiben. Morgens vom Balkon aus zusehen, wie seine Frau mit einem Baguette unter dem Arm aus dem Bäckerladen tritt, in einem Blumenkleid. Wie sie ihm winkt, und er und das Kind zurückwinken.

Der Junge war drei; das vergaß in der Familie Valladon niemand mehr. Nur wie er hieß, daran kann sich keiner erinnern. Marcel und ein Freund hatten getrunken, auch ein paar andere Rauschmittel genommen und es plötzlich für eine gute Idee gehalten, die deutsche Familie auszurauben. Es war nicht das erste Mal: Handtaschen, Kioskkassen, an solchen Dingen hatten sie sich schon ein paarmal versucht. Immer ging es nur um ein paar Francs. Die Deutschen kannten Marcel und würden ihm öffnen, wenn er klopfte. Sie vertrauten ihm.

»Mein Vater sagt, dass sein Freund angefangen hat. Mit dem Messer. Auf einmal hat er losgestochen. Dann war da Blut, überall Blut.« Sie seufzt an dieser Stelle immer. Als könnte sie die Schreie hören, als wäre sie dabei gewesen. Ihre Hand stockt dann in meinem Fell. Ein kleines Zucken eines Muskels meinerseits bringt sie dazu, mich weiter zu streicheln.

»Aber er hat mitgemacht, sagt er. Auch er.«

Ich setze für eine Weile pietätvoll mit dem Schnurren aus.

»Erst als sein Freund den Jungen am Bein gepackt hatte, kam er wieder zu sich.«

Die Schreie, die Gewalt und das Blut mussten die jungen Männer in einen Rausch versetzt haben. Wer einmal Mardern nachts zugesehen hat, wenn sie einen offenen Kaninchenstall finden, der weiß, wovon ich rede. Aber ich schweife ab. Der Junge also baumelte kopfüber vom Balkon, von dem völlig durchgedrehten Freund nur noch an einem Fuß gehalten. Die Mutter, schon fast tot, lag auf dem Boden und umklammerte sein Bein in dem Versuch, ihren Sohn zu retten. Da besann Marcel sich plötzlich. Er ließ sein Messer fallen, packte den anderen Fuß des Kindes mit seinen vom Blut glitschigen Händen, bekam ihn zu fassen und rief laut über den Balkon nach Hilfe. Unten in der Straße liefen schon die Leute zusammen. Der Freund flüchtete. Marcel aber wartete, von allen angestarrt, bis unten zwei Männer die Arme ausgestreckt hatten. In ihre Hände ließ er den Jungen dann fallen. Ihm geschah nichts. Die Frau starb. Der Mann war schon tot. Marcel wurde an Ort und Stelle verhaftet, blutüberströmt und fassungslos.

»Und weißt du, was er gesagt hat?«

Ja, Madame Valladon, ich weiß es. Er sagte: Als ich den Jungen rettete, wurde ich selbst gerettet.

Sie streichelt mich weiter, mit der freien Hand fischt sie nach einem Taschentuch. Auch als sie sich schnäuzt, bleibt ihre warme, trockene Hand in meinem Fell. Ihr Puls wird ruhiger.

Als Madame Valladon geboren wurde, saß ihr Vater schon in Haft. Ihr Großvater nahm Mutter und Kind bei sich auf und machte das Mädchen zur Pâtissière und seiner Nachfolgerin im Geschäft. Madame Valladon backt mit Hingabe, bis heute. Als sie erwachsen war, brachte sie ihrem Vater hin und wieder ein Brioche oder ein paar Macarons ins Gefängnis. Dann erzählte er ihr jedes Mal, was sie mir erzählt. Warum er tat, was er getan hatte, verstand er selbst bis zuletzt nicht. Aber ich kenne das Gefühl, eine Maus zu töten und ihr hinterher liebevoll das Fell abzulecken. Gefühle sind eine starke Sache. Stärker als Gedanken.

So vergehen meine Tage. Ich lebe auf dem Friedhof. Manche sagen, ich hätte einmal einem Priester gehört. Immer wäre ich mitgegangen, wenn er hier seine Beerdigungen zelebriert hat. Hätte am Saum seiner Soutane gesessen während des »Asche zu Asche« und »Staub zu Staub« und wäre mit schlängelndem Schwanz hinter dem Trauerzug hergelaufen bis ins Bistrot zum Leichenschmaus. Und als er selber zu Grabe getragen wurde und nicht wieder ging, da wäre ich auch einfach hiergeblieben.

Manch andere wiederum behaupten, ich wäre mit einer jungen Frau hierhergelangt, die nachts heimlich auf den Friedhof geschlichen war, um Selbstmord zu begehen. Maunzend wäre ich ihr hinterhergelaufen bis zu dem Ort, an dem sie sich das Leben nahm, und hätte ihn dann aus Kummer nie wieder verlassen. Mit der Zeit wäre ich ruhiger geworden.

Wieder andere dagegen … aber ich habe genug erzählt.

Sie müssen nur verstehen: Ich kam. Ich blieb. Ich bin eine Institution.

Ich war dabei, als das tote Mädchen gefunden wurde, als der Alte fast starb und der Junge sein Lied sang.

Ich würde Ihnen die Geschichte ja erzählen. Aber Katzen sind keine Freunde großer Worte. Tun Sie das Naheliegende: Streicheln Sie mich. Fahren Sie mit der Hand durch mein knisterndes Fell. Spüren Sie die Wärme, die Weichheit, diese Nachgiebigkeit, mit der ich mich dehne und dehne? Nein, das sind keine Funken, nur Mut. Ein wenig Elektrostatik vielleicht. Und das Strahlen der Sonne, die alle Farben zu etwas Besonderem macht. Meine Streifen leuchten nicht plötzlich auf in diesem überirdischen Rot. Sie sehen es jetzt nur, das Rot. Sehen es wie zum ersten Mal. Begreifen mit all Ihren Fingern, was es bedeutet. Und jetzt horchen Sie in sich hinein.

Es ist alles schon da.

JAMES BOWEN
Weggefährten

Das Glück liegt auf der Straße«, sagt ein Sprichwort. »Man muss es nur aufheben. Aber die meisten Menschen gehen achtlos daran vorüber.«

Viele Jahre war ich auch einer von diesen Achtlosen. Immer wieder wurde mir die sprichwörtliche zweite Chance geboten, mein Leben zu ändern, aber ich habe sie jedes Mal ungenutzt verstreichen lassen. Bis zum Frühjahr 2007.

Damals habe ich Bob kennengelernt. Und wenn ich heute darüber nachdenke, sehe ich, dass unsere Begegnung auch seine zweite Chance war.

Es war an einem düsteren Donnerstagabend im März. London hatte den Winter noch nicht ganz abgeschüttelt. Manche Tage waren klirrend kalt, besonders wenn der Wind von der Themse herüberwehte. An diesem Abend lag sogar ein Hauch von Frost in der Luft. Deshalb kam ich früher als sonst nach Hause, in meine erst vor Kurzem neu bezogene Sozialwohnung in Tottenham, einem Stadtteil im nördlichen London. Meinen Lebensunterhalt verdiente ich mir damals in der Innenstadt – als Straßenmusiker in Covent Garden, dem angesagten Künstler- und Partyviertel im Zentrum von London mit den vielen Pubs, Restaurants und Bühnen.

Wie immer hatte ich meine schwarze Gitarrentasche und

den Rucksack geschultert. An diesem Abend war Belle mitgekommen, meine beste Freundin. Vor vielen Jahren waren wir mal ein Paar gewesen, aber inzwischen war unsere Beziehung wirklich rein platonisch. Wir hatten vor, uns beim Take-away neben meinem Mietshaus ein billiges Curry zu holen. Damit wollten wir es uns vor meinem kleinen Schwarz-Weiß-Fernseher, den ich im Secondhandladen in der Nachbarschaft erstanden hatte, gemütlich machen.

Der Aufzug in meinem Mietshaus war mal wieder außer Betrieb, und die Beleuchtung im Eingangsbereich war auch kaputt. Wir mussten den mühsamen Weg durchs Treppenhaus in den fünften Stock in Kauf nehmen. Als wir uns durch den Flur Richtung Treppenaufgang vortasteten, bemerkte ich trotz der Dunkelheit, wie in einiger Entfernung vor uns ein Augenpaar aufblitzte.

»Wir werden beobachtet«, flüsterte ich Belle zu. Ein kläglicher Ton folgte meiner Bemerkung. Das klang doch … wie eine Katze in Not!

Vorsichtig tappte ich mich an der Wand entlang auf die immer wieder aufleuchtenden Katzenaugen zu. Und dann wäre ich fast über die Katze gestolpert. Sie hockte zusammengekauert auf der Fußmatte vor einer Nachbarswohnung und blinzelte mich überrascht an. Eine ziemlich zerrupfte rote Katze.

Ich bin mit Katzen aufgewachsen und hatte schon immer eine große Schwäche für diese stolzen Tiere. Die meisten roten Katzen sind komischerweise männlich, also nahm ich an, einen Kater vor mir zu haben.

Rund um die Wohnanlage war er mir noch nie aufgefallen. Wäre er hier schon einmal aufgetaucht, hätte ich das sicher nicht vergessen. Er hatte eine ganz besondere Ausstrahlung, das erkannte ich trotz der schlechten Lichtverhältnisse sofort.

Er war weder scheu noch verschreckt, sondern strotzte eher vor Selbstbewusstsein. Nur seine Körperhaltung verriet ein gewisses Misstrauen. Für ihn war ich wohl so etwas wie ein Eindringling in sein Revier. Seine großen Augen musterten mich neugierig, und ich konnte fast die Fragezeichen darin lesen: »Wer bist du und was willst du hier?«

Ich beugte mich seinem Willen und ging in die Hocke, um ihn höflich zu begrüßen: »Hallo, mein Freund. Ich sehe dich heute zum ersten Mal. Wohnst du hier?«

Er blieb zurückhaltend und sah mich weiter prüfend an, als wollte er meine Absichten erraten.

Ich streckte die Hand aus, um ihm den Nacken zu kraulen. Es war ein Freundschaftsangebot, aber auch der Versuch, nach einem Halsband oder sonstigen Erkennungszeichen zu tasten. Sehen konnte ich ja kaum etwas, aber auch meine Hand fand keinerlei Anhaltspunkte. Ein Streuner also. Davon gab es in London leider mehr als genug.

Er genoss die Liebkosung. Zum Dank erhob er sich majestätisch und strich mir sanft um die Beine. Ich nutzte die Gelegenheit und ließ meine Hand über seinen Rücken bis zur Schwanzspitze gleiten. Sein Fell fühlte sich stumpf und spröde an. Es war dünn, stellenweise spürte ich nackte Haut. Außerdem konnte ich jede Rippe und jeden Wirbelknochen spüren. Der braucht dringend eine gute Mahlzeit, dachte ich. Und so stürmisch, wie er mich umschmeichelte, fehlte ihm auch eine große Portion Liebe und Aufmerksamkeit.

»Der arme Kerl! Ich glaube, es ist ein Streuner. Er hat kein Halsband und ist unglaublich dünn«, informierte ich Belle, die geduldig am Treppenaufgang auf mich wartete. Sie kannte mich ziemlich gut und somit auch meine Schwäche für Samtpfoten. Unbeeindruckt wies sie mich zurecht: »Nein, James, du kannst ihn nicht mitnehmen!« Sie deutete auf die Wohnungstür hinter dem Kater. »Ich glaube nicht, dass er nur zufällig hier hereinspaziert ist und sich auf diese Matte gesetzt hat. Bestimmt gehört er irgendwelchen Nachbarn. Er wartet nur darauf, dass sie nach Hause kommen.«

Sie war eben die Vernünftigere von uns beiden. Man kann eine Katze nicht einfach mitnehmen, auch wenn alles darauf hindeutet, dass sie kein Zuhause hat. Ich war selbst gerade erst hier eingezogen und noch gar nicht wirklich angekommen. Sollte die Katze tatsächlich den Nachbarn gehören, wären diese zu Recht sauer, wenn ihr Stubentiger plötzlich verschwunden wäre. Außerdem konnte ich in meinem Leben gerade keine zusätzliche Verantwortung brauchen. Ich, ein gescheiterter Musiker auf Drogenentzug, der in einer Sozialwohnung von der Hand in den Mund lebte. Es war schwer genug, für mich selbst zu sorgen.

Als ich am nächsten Morgen die Treppe herunterkam, war der rote Kater immer noch da. Es sah aus, als hätte er sich in den letzten zwölf Stunden nicht von der Stelle gerührt.

Wieder ging ich in die Hocke und streichelte ihn. Sein lautes Schnurren zeigte mir, wie sehr er die Berührung genoss. Ganz hundertprozentig traute er mir zwar immer noch nicht über den Weg, aber mir schien, er fand mich ganz akzeptabel.

Bei Tageslicht konnte ich mir den kleinen Felltiger genauer ansehen: Markant geschnittener Katerkopf und ganz ungewöhnliche gelbgrüne Augen, deren Ausdruckskraft durch sein hellrotes Fell noch zusätzlich betont wurde. Aber auch Schrammen im Gesicht und an den Beinen, die von einem Kampf oder Unfall stammen konnten. Sein wunderschön gezeichneter Pelz in diversen Rot- bis Beigetönen war tatsächlich stumpf und dünn, teilweise nicht mehr vorhanden. Er tat mir wirklich leid, aber ich zwang mich, vernünftig zu bleiben. Ich hatte genug Probleme. Schweren Herzens nahm ich den Bus nach Covent Garden, um mir dort mit meiner Musik ein paar Pfund zu verdienen.

Erst gegen zehn Uhr abends war ich wieder zurück in Tottenham. Ich konnte nicht nach oben gehen, ohne nach dem roten Kater zu sehen, aber er war verschwunden. Ich war enttäuscht und erleichtert zugleich. Er war mir schon mehr ans Herz gewachsen, als ich dachte. Aber ich tröstete mich mit dem Gedanken, dass Kater und Besitzer wieder glücklich vereint waren.

Als ich am Samstag gegen Mittag die Treppen hinunterkam, schnürte es mir den Magen zusammen, denn er war wieder da. Aber ich konnte meine Augen nicht länger verschließen: Er war ein rotes Häufchen Elend. Er sah hilfsbedürftiger und zerzauster aus denn je. Und er zitterte, bestimmt vor Hunger und Kälte.

»Da bist du ja wieder«, begrüßte ich ihn und kraulte sein zerrupftes Fell. »Siehst aber gar nicht gut aus heute!«

Ich musste endlich etwas tun.

Entschlossen klopfte ich an die Wohnungstür hinter dem Kater. Ich wollte seine Besitzer finden und zur Rede stellen. Niemand darf sein Haustier so behandeln. Der Kater brauchte Wasser und Futter – und wahrscheinlich auch einen Tierarzt.

Der Kerl, der mir die Tür öffnete, war unrasiert, trug ein Feinripp-Muscleshirt und Jogginghosen. Er sah aus, als hätte ich ihn geweckt. Dabei war es schon Mittag!

»Entschuldigen Sie bitte die Störung. Ist das Ihre Katze?«, fragte ich. Zuerst starrte er mich an, als wäre ich nicht ganz richtig im Kopf. »Welche Katze?«, knarzte er, bevor er nach unten sah und den Kater auf seiner Fußmatte entdeckte. Der hatte sich inzwischen wieder zusammengerollt, als ginge ihn das alles gar nichts an. »Nein!«, antwortete der Nachbar dann mit einem lapidaren Schulterzucken. »Der gehört mir nicht!«

»Er ist schon seit Tagen hier«, teilte ich ihm mit, aber Mr. Feinripp blieb so teilnahmslos wie der Kater auf der Matte.

»Echt? Der hat wohl Essen gerochen oder so was. Also, wie gesagt: Is' nicht meiner!« Sprach's und schlug mir die Tür vor der Nase zu.

Die Würfel waren gefallen.

»Okay, mein Freund, dann kommst du jetzt mit mir«, informierte ich das matte Bündel auf vier Pfoten. Ich öffnete meinen Rucksack und kramte tief unten nach der Packung mit dem Trockenfutter. Das hatte ich immer dabei, weil mir als Straßenmusiker immer viele Katzen und Hunde begegneten, die sich über ein Leckerchen freuten.

Verheißungsvoll schüttelte ich die Schachtel vor seiner

Nase. Der Kater sprang sofort auf und lief hinter mir her. Er war ein bisschen wackelig auf den Beinen. Außerdem bemühte er sich, eine Hinterpfote nicht zu belasten. Wir kamen nur langsam voran. Der Weg bis zu meiner Wohnung im fünften Stock war beschwerlich für den geschwächten Kämpfer. Aber er war zu stolz oder auch zu misstrauisch, um sich von mir tragen zu lassen.

Meine vier Wände waren damals noch ziemlich bescheiden eingerichtet. Außer dem Fernseher gab es nur eine gebrauchte, ausziehbare Couch, eine Matratze in der Ecke des kleinen Schlafzimmers und in der Küchenzeile einen altersschwachen Kühlschrank, eine Mikrowelle, Wasserkocher und Toaster. Keinen Herd. Meine persönlichen Dinge beschränkten sich auf meine Bücher, Videokassetten und ein paar kuriose Staubfänger. Man könnte mich mit einer Elster vergleichen, weil ich gern Dinge mit nach Hause nehme, die andere Leute wegwerfen. Meine letzten Errungenschaften waren eine kaputte Parkuhr und eine ramponierte Schaufensterpuppe mit Cowboyhut, die meine kahlen Zimmerecken schmückten. Meine Freunde interessierten sich immer sehr für die Kuriositäten in meiner Bude, aber der Kater fand auf seinem ersten Rundgang nur die Küche interessant.

Ich holte die Milch aus dem Kühlschrank, goss etwas davon in eine Untertasse mit hohem Rand und mischte etwas Wasser darunter, da Katzen – entgegen der allgemeinen Meinung – Milch nicht gut vertragen. Bereits nach wenigen Sekunden hatte er alles aufgeschleckt.

Ich hatte noch etwas Thunfisch im Kühlschrank. Den vermischte ich mit dem Trockenfutter aus meinem Rucksack und gab dem Kater eine volle Schüssel. Auch diese Portion war sofort verschlungen. Der Arme musste kurz vor dem Verhungern sein!

Nach dem kalten, ungemütlichen Flur war meine bescheidene Wohnung scheinbar die reinste Fünf-Sterne-Luxusunterkunft für ihn. Er zeigte keinerlei Unbehagen in der neuen Umgebung. Hoch erhobenen Schwanzes steuerte er nach seinem exquisiten Mahl zielstrebig auf die Heizung im Wohnzimmer zu. Dort rollte er sich zufrieden zusammen und schloss sogar die Augen.

Ich setzte mich zu ihm auf den Boden, um mir sein Hinkebein anzusehen. Am Oberschenkel seines rechten Hinterbeins klaffte eine tiefe Bisswunde. Vielleicht von einem Kampf mit einem Hund oder Fuchs. Jedenfalls sah die Verletzung aus, als hätte er versucht, sich mit Gewalt loszureißen. Auch die Schrammen und Kratzer sprachen für einen Kampf auf Leben und Tod.

Die Wunde musste dringend gereinigt werden. Dazu stellte ich ihn in die Badewanne, besprühte die Wunde mit alkoholfreiem Wundspray und schmierte Vaseline auf seine Schrammen. Die meisten Katzen wären bei dieser Behandlung ausgerastet. Diese hier hielt mucksmäuschenstill. Kein Jammern, kein Klagen, kein Maunzprotest und keine empört aufgestellten Haare. Er versuchte auch nicht, mich zu kratzen oder sich aus dem Staub zu machen. Was für ein tapferer kleiner Krieger!

Den Rest des Tages verbrachte ein zufrieden zusammengerolltes rotes Fellknäuel unter meiner Heizung. Ich hatte ihm eine Decke hingelegt, als mir klar wurde, dass dies wohl der auserwählte Lieblingsplatz war. Kurzfristige

Energieschübe zwischendurch nutzte er zur Erkundung der neuen Umgebung. Er nahm sein neues Zuhause in Besitz, sprang überall hoch und kratzte genüsslich an allem, was Widerstand bot. Besonders die Schaufensterpuppe hatte es ihm angetan. Es machte mir nichts aus. Schließlich hatte ich keine teuren Designermöbel. Ich gönnte ihm seinen Spaß.

Offenbar steckte eine Menge aufgestauter Energien in dem kleinen Kerl, die er loswerden musste. Bei einer dieser Anwandlungen sprang er plötzlich zu mir auf die Couch und ging mit den Pfoten auf mich los. Es war eine Aufforderung zum Spiel, aber er war so übermütig, dass er mir im Eifer des Gefechts die Hand zerkratzte. »Okay, mein Freund, jetzt ist Schluss mit lustig«, schimpfte ich, klaubte ihn von meinem Schoß und setzte ihn zurück auf den Fußboden. Junge, unkastrierte Kater können sehr ungestüm sein. Und dieser hier steckte scheinbar schon mitten in der Pubertät. Jedenfalls benahm er sich wie ein wilder kleiner Straßenrowdy und hatte wenig gemein mit einem Samtpfötchen.

Den Abend verbrachte ich vor dem Fernseher, der Kater sichtlich zufrieden unter der Heizung. Er bewegte sich erst wieder, als ich ins Bett ging. Er folgte mir und kuschelte sich am Fußende meiner Matratze wie selbstverständlich auf meine Bettdecke. Sein leises Schnurren in der Dunkelheit weckte in mir ein längst vergessenes Gefühl von Geborgenheit. Ich war nicht mehr allein – zum ersten Mal seit langer Zeit.

Am Sonntag stand ich ziemlich früh auf. Ich wollte versuchen, auf einem Spaziergang durch die Nachbarschaft seine Besitzer ausfindig zu machen. Vielleicht hatten diese ja bereits Aushänge mit einer Vermisstenanzeige verteilt. Kopierte Hilferufe hingen damals überall. An Straßenlaternen, an Litfaßsäulen und sogar an Bushaltestellen baten Tierbesitzer um Mithilfe bei der Suche nach ihren vermissten Lieblingen. Ich fragte mich schon, ob eine »Cat-Napping«-Bande ihr Unwesen trieb, weil so viele Stubentiger vermisst wurden.

Den Kater nahm ich mit, nur für den Fall, dass ich seinen Besitzer gleich fand. Zur Sicherheit hatte ich ihm aus Schuhbändern ein Halsband und eine Leine gebastelt. Auf dem Weg durch das Treppenhaus wich er nicht von meiner Seite, doch sobald wir im Hof waren, zog er ungestüm an dem ihn behindernden Band. Wollte er weg oder nur in Ruhe sein Geschäft verrichten? Ich ließ ihn frei. Er humpelte auf den Rasen und verschwand hinter ein paar Büschen. Aber nur lange genug, um sich zu erleichtern, dann war er wieder da und schlüpfte ohne Murren zurück in das provisorische Geschirr.

Dieses Vertrauen wollte und würde ich keinesfalls enttäuschen. In diesem Moment gelobte ich, für ihn da zu sein, solange er mich brauchte.

Meine erste Anlaufstelle war die Nachbarin auf der anderen Straßenseite. Sie war als Katzenmutter bekannt, denn sie fütterte alle Streuner aus der Nachbarschaft und ließ sie, wenn nötig, auch kastrieren. Als sie mir die Tür öffnete, zählte ich hinter ihr im Haus mindestens fünf Katzen. Wie viele noch bei ihr wohnten, wollte ich gar nicht wissen. Angeblich kannte jede Katze aus der Umgebung ihren Garten, weil es dort immer Futter gab. Keine Ahnung, wie sie sich das leisten konnte.

Auch sie erlag sofort dem Charme meines Begleiters und versuchte, ihn mit einem Leckerbissen anzulocken. Sie war wirklich sehr freundlich, konnte uns aber nicht weiterhelfen. Auch sie hatte den roten Kater nie zuvor in unserer Gegend gesehen.

»Ich wette, er kommt aus einem anderen Stadtteil und wurde hier ausgesetzt«, mutmaßte sie und versprach, sich zu melden, falls doch noch ein verzweifelter Katzenbesitzer bei ihr auftauchen sollte. Mittlerweile hielt ich das für sehr unwahrscheinlich. Tottenham war nicht sein Revier. Es gab noch eine Möglichkeit, meine Vermutung zu bestätigen: Ich nahm dem abgemagerten Garfield-Verschnitt die Leine ab. Sollte er zielstrebig weglaufen, hätte ich eine neue Spur. Aber er fühlte sich sichtlich unbehaglich und blieb neben mir stehen. Sein fragender Blick war herzerweichend: »Du willst mich doch jetzt nicht loswerden? Wo soll ich denn hin?« Da hatte ich meine Antwort.

Aber die Suche wollte ich noch nicht abbrechen. In den nächsten paar Stunden durchkämmten wir die umliegenden Straßen, und ich sprach Passanten an. Immer dieselbe Frage: »Haben Sie diesen Kater schon mal gesehen? Kennen Sie seinen Besitzer?« Immer dieselben teilnahmslosen Blicke, manchmal sogar ein »aufwendiges« Schulterzucken.

Rotpelzchen wich mir nicht von der Seite – bis auf eine weitere Pipi-Pause, für die er kurzzeitig von der Bildfläche verschwand. Beim Laufen in der frischen Luft kriegt man den Kopf frei, heißt es. Mir hingegen schwirrte der Kopf vor lauter Fragen: Wo kommt er her? Wie hat er gelebt, bevor er auf der Fußmatte in unserem Hausflur landete?

Ich ließ meiner Fantasie freien Lauf: Wie die Katzenmutter von gegenüber konnte ich mir gut vorstellen, dass er früher in einer Familie gelebt hatte. Er war so ein wunderschönes Tier, hätte als Weihnachts- oder Geburtstagsgeschenk sicher jedes Kind begeistert. Aber rote Kater haben mehr Temperament als ihre Artgenossen, besonders die jungen, unkastrierten, wie ich gestern selbst hatte erleben dürfen. Sie sind viel dominanter und wilder. Ich vermutete also, je verrückter und unbändiger er sich beim Heranwachsen benahm, desto lästiger wurde er seiner Familie.

Ich hörte förmlich die Eltern stöhnen: »Jetzt reicht's!« Aber anstatt ihn im Tierheim oder bei der RSPCA, dem bekanntesten Tierschutzverein Englands, abzugeben, haben sie ihn einfach ins Auto verfrachtet, sind mit ihm herumgefahren und haben ihn irgendwo ausgesetzt.

Katzen haben zwar einen stark ausgeprägten Orientierungssinn, aber bestimmt wurde er wohlweislich weit weg von zu Hause »entsorgt«, damit er nicht mehr zurückfand. Vielleicht war er aber auch nicht glücklich bei seiner Ex-Familie gewesen und hatte selbst beschlossen, loszuziehen und sich einen netteren Dosenöffner zu suchen. Katzen tun das manchmal.

Er könnte auch einer alten Dame gehört haben, die verstorben war.

Nichts davon musste stimmen. Da er sein Geschäft nur im Freien verrichtete, war es auch gut möglich, dass er noch nie in einer Familie gelebt hatte. Dagegen sprach allerdings seine Zutraulichkeit. Er mochte Menschen, schien jeden in Frage kommenden Versorger zu umschmeicheln, so wie er es mit mir getan hatte.

Ein wichtiger Hinweis auf einen Teil seiner Vergangenheit war für mich die schlimme Bisswunde am Bein. Die Wunde eiterte bereits, war also ein paar Tage alt. Sie brachte mich auf eine weitere Idee zu seinem Vorleben:

In London hat es schon immer viele Straßenkatzen gegeben, Streuner, die durch Nebenstraßen und Hinterhöfe streiften und von den Abfällen und Almosen fremder Menschen lebten. Schon vor fünf- oder sechshundert Jahren waren die Gresham Street im Zentrum von London, Clerkenwell Green und Drury Lane bekannt als Katzenreviere. Es muss dort nur so gewimmelt haben von verwilderten Rudeln.

Auch heute noch sind Londons Streuner ein unerwünschter Ballast in dieser Stadt, ausgemustert und weggeworfen von einer übersättigten und respektlosen Wohlstandsgesellschaft. Sie streunen ziellos umher und kämpfen täglich ums nackte Überleben. Viele von ihnen sind misshandelte, gebrochene Kreaturen. War mein verwundeter Kämpfer einer von ihnen? Vielleicht hatte er einen Seelenverwandten gesucht und in mir gefunden.

ANTON ČECHOV

Der Kater

Warwara Petrowna erwachte und begann zu horchen. Ihr Gesicht wurde blaß, ihre großen schwarzen Augen wurden noch größer und drückten höchstes Entsetzen aus: denn es war kein Traum ... Von Grauen erfaßt, bedeckte sie ihr Gesicht mit den Händen, setzte sich im Bett aufrecht und begann, ihren Mann zu wecken. Der Mann lag zusammengerollt wie eine Brezel, schnarchte leise und pustete ihr seinen Atem ins Gesicht.

»Aljoscha, Schatz ... Wach auf! Mein Lieber! Ach ... es ist zu schrecklich!«

Aljoscha stellte sein Schnarchen ein und streckte die Beine. Warwara Petrowna kniff ihn in die Wange. Er streckte sich wieder, seufzte tief auf und erwachte.

»Aljoscha, Schatz ... Wach auf! Jemand weint ...«

»Wer weint? Was fällt dir ein?«

»Horche nur ein wenig. Hörst du es? Jemand seufzt ...«

»Man hat wohl bei uns ein kleines Kind ausgesetzt ... Ich kann es nicht mehr anhören!«

Aljoscha richtete sich auf und horchte hinaus. Das Fenster stand offen, eine graue Nacht blickte herein. Zugleich mit dem Dufte der Fliederbüsche und dem Flüstern der Linden brachte der leise Wind seltsame Laute ins Zimmer ... Man konnte nicht recht unterscheiden, was es für

Laute waren: Kinderweinen oder der Gesang eines Bettlers oder ein Heulen … Eines war nur klar: die Laute klangen unmittelbar vor dem Fenster und kamen nicht aus einer Kehle, sondern aus mehreren … Es waren darunter Altstimmen, Diskantstimmen und Tenöre … »Es sind ja Katzen, Warja!« sagte Aljoscha. »Du dummes Kind!«

»Katzen? Unmöglich! Woher dann die Bässe?«

»Die Baßstimme gehört einem Schwein. Vergiß nicht, daß wir auf dem Lande sind. Hörst du? Gewiß sind es Katzen … Beruhige dich und schlafe wieder ein.«

Warja und Aljoscha legten sich wieder hin und zogen sich die Bettdecken über die Köpfe. Kühle Morgenluft zog durchs Fenster, und sie fröstelten. Sie rollten sich zusammen und schlossen die Augen. Nach fünf Minuten wurde Aljoschta unruhig und warf sich hin und her.

»Sie lassen einen gar nicht einschlafen, daß sie der Teufel …!«

Der Katzengesang stieg inzwischen crescendo. Zu den Sängern gesellten sich neue Katzen mit neuen Kräften; das leise Geräusch unter dem Fenster verwandelte sich allmählich in einen unerträglichen Lärm. Das zarteste Piano erreichte die Stärke eines Fortissimo, und bald füllte sich die ganze Luft mit empörenden Lauten. Die einen Kater gaben kurze abgerissene Schreie von sich, die anderen trillerten wie nach Noten mit Achtel- und Sechzehntel-Tönen; andere zogen immer den gleichen gedehnten Ton … Ein Kater, wohl der älteste und leidenschaftlichste von allen, sang mit einer ganz unnatürlichen Stimme, die bald wie Baß und bald wie Tenor klang:

»Mal … mal … Tu … tu … tu … Karriau …«

Wären nicht die bekannten zischenden Laute dazwischen gewesen, so hätte man gar nicht glauben können, daß es Katzengesang war ... Warja drehte sich auf die andere Seite und brummte etwas vor sich hin, Aljoscha sprang auf, sandte ein kräftiges Schimpfwort ins Freie und schloß das Fenster. Ein Fenster ist aber eine höchst unvollkommene Sache: es ist für Schall, Licht und Elektrizität durchlässig.

»Ich muß um acht Uhr aufstehen und in den Dienst«, sagte Aljoscha empört, »sie schreien aber so, daß man gar nicht einschlafen kann! Diese Satans! Schweige du wenigstens! Du winselst mir die Ohren voll! Was kann ich denn dafür? Die Kater gehören doch nicht mir!«

»Jag' sie doch weg, Schatz!«

Der Mann ließ wieder ein kräftiges Schimpfwort los, sprang vom Bett und ging ans Fenster ... Die Morgendämmerung brach bereits an.

Aljoscha sah zunächst auf den Himmel und entdeckte nur einen matt flimmernden Stern ... Im Laube der Linde regten sich die Spatzen, die das beim Öffnen des Fensters entstandene Geräusch aufscheuchte. Aljoscha sah hinunter und erblickte etwa zehn Kater. Mit hocherhobenen Schwänzen gingen sie zischend mit gekrümmten Rücken, Dromedaren gleich, um ein reizendes Kätzchen herum, das auf einem umgestülpten Eimer saß, und sangen. Es war schwer zu entscheiden, was sie mehr bewegte: die Liebe zum Kätzchen oder das Bewußtsein der eigenen Würde? Hatte sie die Liebe hergeführt, oder die Absicht, ihre Würde zur Schau zu stellen? In ihren Beziehungen zueinander konnte man den verfeinerten Haß erkennen. Jenseits des

Gartengitters stand ein Mutterschwein mit Ferkeln und grunzte, denn es wollte in den Garten.

»Fort!« zischte Aljoscha. »Pssst! Ihr Satans! … Fort! …«

Die Kater schenkten aber dem keine Beachtung. Nur das Kätzchen warf ihm einen kurzen gleichgültigen Blick zu. Es war zu glücklich, um sich irgendwie für Aljoscha zu interessieren …

»Pssst! … Daß euch der Teufel! Warja, reich' einmal die Wasserflasche her! Ich will ihnen eine Dusche machen!«

Warja sprang aus dem Bett und reichte ihm nicht die Wasserflasche, sondern den Wasserkrug vom Waschtisch. Aljoscha beugte sich vor und neigte den Krug …

»Ach meine lieben Freunde!« sagte plötzlich eine Stimme über seinem Kopf. »Nein, diese Jugend! Darf man denn so etwas tun? Ach! Diese Jugend!« Aljoscha sah hinauf und erblickte eine Gestalt in einem Schlafrock aus großgeblümtem Kattun. Auf den Schultern dieser Gestalt saß ein kleiner Kopf mit einer Nachtmütze auf den ergrauten Haaren; ein trockener sehniger Finger drohte … Der Greis saß am Fenster und sah unverwandt auf die Kater. Seine Augen leuchteten in höchster Verzückung, als ob er ein Ballett vor sich hätte. Aljoscha riß den Mund auf, erbleichte und lächelte …

»Exzellenz geruhen zu schlafen?« fragte er ganz dumm.

»Es ist nicht schön, mein Herr; Sie kämpfen gegen die Naturgesetze! Sie untergraben sozusagen die Gesetze der Schöpfung! Es ist nicht schön! Was geht das Sie an? Es sind doch lebende Wesen? Oder, wie glauben Sie? Doch lebende Wesen? Man soll es würdigen! Ich muß Ihnen meine Mißbilligung aussprechen, mein Herr!«

Aljoscha erbleichte, schlich sich auf den Zehen zum Bett und legte sich leise hin. »Es ist mein Vorgesetzter ...« flüsterte Aljoscha. »In eigener Person ... Er schläft nicht. Er delektiert sich an den Katern. Der Satan! Es ist schrecklich, unter seinem Vorgesetzten zu wohnen!«

»Junger Freund!« hörte Aljoscha nach einigen Minuten wieder die Greisenstimme. »Wo sind Sie? Treten Sie doch ans Fenster!« Aljoscha ging zum Fenster und blickte zum Alten hinauf.

»Sehen Sie diesen weißen Kater? Wie finden Sie ihn? Er gehört mir! Seine Manieren, nein, diese Manieren! Dieser Gang! ... Sehen Sie doch nur hin! Miau, miau ... Waßjka, du Schelm! Was für einen Schnurrbart er hat! Der Kerl ist von echter sibirischer Rasse! Das Kätzchen ... das Kätzchen wird wohl nicht widerstehen können! Mein Kater war immer der Sieger! Sie werden sich gleich davon überzeugen! Nein, diese Manieren!«

Aljoscha sagte, daß er das Fell des Katers hervorragend schön finde. Er habe in seinem Leben kein so auserlesenes Exemplar von einem Katertier gesehen. Der Greis begann ihm nun die Gewohnheiten seines Katers zu beschreiben; er kam in Schwung und erzählte bis zum Sonnenaufgang. Er erzählte mit Begeisterung, wobei er fortwährend schmatzte und seine sehnigen Finger beleckte ... So konnte Aljoscha in dieser Nacht gar nicht einschlafen!

Auch in der nächsten Nacht gegen ein Uhr begannen die Kater ihren Gesang und weckten Warja. Aljoscha wagte nicht mehr, sie zu vertreiben. Denn unter ihnen befand sich der Kater Seiner Exzellenz. Aljoscha und Warja mußten bis zum frühen Morgen das Katzenkonzert anhören.

JOHN UPDIKE

Die Katzen

Als meine Mutter starb, erbte ich 32 Hektar pennsylvanischen Bodens und vierzig Katzen. 32,4 Hektar, um genau zu sein; die Anzahl der Katzen konnte man nur schätzen. Sie versammelten sich in miauendem Fellgewimmel gegen fünf Uhr in der Frühe vor der Hintertür, wenn sie hörten, dass meine Mutter in der Küche die krächzende Kurbel des hinfälligen Dosenöffners drehte, der am Türrahmen, neben dem schwitzenden Kühlschrank, festgeschraubt war. Ich hatte ihr einmal zu Weihnachten, als sie Mitte siebzig war, einen neuen Dosenöffner gekauft, aber nach einiger Zeit wurde auch der stumpf und wacklig vom übermäßigen Gebrauch; sparsam, wie ich war, fragte ich mich, ob er wohl bis zum Ende ihres Lebens durchhalten würde. Als sie die achtzig überschritten hatte, wurde auch sie immer hinfälliger, bei jedem meiner Besuche im Farmhaus sah ich das. Zum Briefkasten gehen und die Katzen füttern, zu mehr hatte sie keine Kraft mehr, sie, die zu so vielem Kraft gehabt hatte, die als Mädchen geritten war und auf dem College Hockey gespielt hatte und später dann, als sie mit ihrer Familie auf diese einsame Farm gezogen war, gearbeitet hatte wie ein Mann, mit der Kettensäge umgegangen war, die Ausziehleiter erklommen und sich triumphierend hinaufgeschwungen hatte auf den breiten Traktorsitz.

Sie war hier geboren worden, zu einer Zeit, da die Pflüge von Maultieren gezogen wurden. Weder mein Vater noch ich hatten verstanden, warum sie zurückwollte an diesen beschwerlichen Ort, wo es nur Arbeit gab, Unkraut, Ungeziefer, Hitze, Morast, wilde Natur. Sie hatte uns dazu ermutigt, eine gewisse Ordnung herzustellen – das alte steinerne Farmhaus zu renovieren, die Scheune instand zu setzen, Erdbeeren, Spargel und Erbsen anzupflanzen, den Rasen zu mähen bis in den Schatten des Gehölzes hinein. Aber als ich fortzog und mein Vater starb, drohte die fruchtbare Wildnis, sich alles zurückzuholen. Sogar die Fensterbänke waren, wie der nächste Besitzer des Hauses feststellte, morsch und von Termiten und Bohrasseln bewohnt. Wenn man auf dem Dachboden stand und nach oben schaute, sah das Schindeldach wie ein Sternenhimmel aus. Meine Mutter ließ nicht nur zu, dass Mäuse und Flughörnchen im Haus nisteten, sie fütterte sie obendrein mit Sonnenblumenkernen – die Schalen, entdeckte der neue Besitzer, quollen eimerweise aus den versteckten Vorratslagern im Gebälk. Das Haus roch in den letzten Lebensjahren meiner Mutter nach aufgestapelten alten Zeitungen, die sie nicht mehr in die Scheune brachte, nach leeren Katzenfutterdosen in Papiersäcken und nach feuchtem Hund. Josie, die überfütterte Hündin, wurde lahm, zusammen mit ihrer Herrin; sie bekam nie Auslauf. Es war rührend, wie glücklich die alte Josie war, dass sie mich begleiten konnte, als ich die Zeitungsstapel in die Scheune trug und die widerlichen Futterdosen auf den Blechbüchsenberg im Gehölz warf.

War es Einbildung, oder summte meine Mutter wirklich,

während sie die Kurbel des Dosenöffners drehte wie ein primitives, eintöniges Musikinstrument? Sie stürzte einen glibberigen Futterzylinder nach dem anderen in die alten Kuchenformen, die den Katzen als Essgeschirr auf dem Zementboden der hinteren Veranda dienten. Diese halbwilden Tiere zu füttern amüsierte sie, war ihr eine Freude – eine ziemlich unangebrachte, fand ich. Die Schar vergrößerte sich, eine Katastrophe in meinen Augen, die immer schlimmere Ausmaße annahm: jedes Mal, wenn ich, meiner Sohnespflicht gehorchend, zu Besuch kam, war die Zahl wieder gestiegen, trotz des gnädigen Eingreifens der einen oder anderen Katzenkrankheit und gelegentlicher interventionistischer Salven aus den Flinten betroffener Nachbarn. Manche Nachbarn drohten ihr mit einer Anzeige beim Tierschutzbund, und andere brachten heimlich, in der Nacht, unerwünschte Junge vorbei.

Als Sohn meiner Mutter konnte ich der Logik, die in diese Patsche geführt hatte, nur zu gut folgen. Wenn man die Katzen nicht fütterte, würden sie die Vögel fressen. Sie liebte Vögel, darum hatte sie irgendwann angefangen, die Katzen zu füttern. Sie konnte bei geschlossenen Fenstern im Zimmer auf dem Sofa sitzen, sich mit mir unterhalten und plötzlich, den Kopf schräg geneigt, sagen: »Der Erdfink regt sich über irgendetwas auf«, oder: »Die Spottdrossel erzählt gerade einen Witz« oder, mitten in der Nacht zu mir ins Zimmer kommend in ihrem langen weißen Nachthemd, die Augen weit aufgerissen, wie um einem Kind Angst zu machen: »Hör, was der Ziegenmelker sagt.«

Mit Rücksicht auf meine Neigung zu Asthma hatte sie die Katzen nie ins Haus gelassen, aber am Tag nachdem sie gestorben war, konnten sie mich hinter der Schnakentür mit dem Dosenöffner hantieren hören. Ich redete laut zu ihnen, so wie sie es getan hatte. »Ich weiß, ich weiß«, sagte ich. »Ihr seid ausgehungert. Die Dame, die euch gefüttert hat, ist tot. Ich bin bloß ihr Sohn, ihr einziges Kind. Ich wohne nicht hier, ich wohne in New Jersey, ich bin Dozent für europäische Literatur am Rutgers College, ich habe ein Haus mit vier Schlafzimmern, eine elegante Frau namens Evelyn und zwei erwachsene Kinder, eine Tochter und einen Sohn, meine Tochter hat selbst schon ein Kind. Ich mag hier nicht sein, ich habe hier nie sein mögen. Und wenn ihr für euch einen anderen Platz wisst, dann geht dorthin, denn, meine kleinen kätzischen Kameraden, mit den Almosen ist es vorbei. Das Futter geht zur Neige, der letzte Karton ist angebrochen, und ich bin nur noch zwei Tage hier. Was wird dann aus euch? Ich bin ratlos – es ist ein echtes Problem. Warum musstet ihr euch auch so ins System reinziehen lassen.«

Als ich die randvollen Kuchenformen, die unangenehm nach Pferdefleisch und Fischmehl rochen, auf den nackten Zement stellte, büschelten die Katzenkörper sich um sie wie die Blütenblätter einer Pelzblume. Die älteren Katzen sorgten trotz des Gedränges dafür, dass auch die Kleinen unter ihnen ans Futter kamen. Die braunscheckigen Kätzchen hatten gefleckte, breitstirnige Gesichter, wie Stiefmütterchen. Die schwarzweißen erinnerten an Rorschachtests oder an Landkarten von einem einfacheren Planeten als dem unseren. Meine Mutter hatte für die Katzen, die auf die Veranda kamen, Namen und sagte von der einen: »Isabel ist eine ziemlich nachlässige Mutter«, oder von einem misstrauischen, verprügelten gestromten Kater: »Jeffrey humpelt heute. Wahrscheinlich drücken ihn seine Stiefel.«

Die Katzen, die in der Scheune blieben, hatten keinen Anspruch auf Namen. Wenn ich die obere Hälfte einer Stalltür öffnete, funkelten Augen im Stroh auf wie Scherben aus blassem Glas, und etliche Katzen stoben in wildem Ungestüm davon, unter der Trennwand hindurch. Der Napf, den ich auf den Boden stellte, war dennoch eine Stunde später leer. Die Scheunenkatzen bezahlten ihre Scheu mit einem vergleichsweise traurigen Dasein; sie waren anfällig für die Krankheiten, die die Inzucht bringt, und wenn man im Stroh nachsah, das noch aus der Zeit stammte, als hier Kühe eingestallt waren, fand man da und dort eine verdorrte Katzenleiche – ein verfilztes kleines Fell, hart wie ein Stück Leder, der Kopf des toten Tieres erstarrt in einer augenlosen Fauchgrimasse.

Gegen Ende war meine Mutter zu schwach gewesen, um den Scheunenkatzen Futter zu bringen, deshalb war mein Napf am ersten Abend halb voll geblieben. Die Scheunenkatzen, die nicht eingegangen waren oder sich nicht davongemacht hatten, waren zu Verandakatzen geworden. »Was soll denn bloß werden?«, fragte ich die umherstreichenden Tiere, als ich im Septemberdämmer aus der Scheune zurückkehrte. »Ich kann doch nicht mein gesamtes zivilisiertes Leben aufgeben, nur um euch undankbare Wesen weiter zu füttern.«

Hierher zu ziehen war für mich damals, als ich ein Junge war, tatsächlich dem Verlust der Zivilisation gleichgekommen. Kein Telefon, kein Strom, kein Wasseranschluss: ein entsetzlicher Rückschritt. Amische Handwerker kamen und deckten das Dach mit schmucken hellen Schindeln aus Zedernholz und bauten im Wohnzimmer sehr hübsch etwas ein, das keiner der früheren Bewohner des Hauses gebraucht hatte – ein Bücherregal. Nach einiger Zeit rückten Klempner an und machten den Abtritt im Hof überflüssig, und die Elektrizitätsgesellschaft ließ ihre hohen, mit Kreosot imprägnierten Masten im alten Obstgarten aufmarschieren. Fernsehen hielt im Haus Einzug, und anstatt Wetterberichte, Getreidepreise und Countrymusic zu hören, wie der Radiosender in Alton sie brachte, sahen wir uns nun die Nachrichten aus Philadelphia an, erst in Schwarzweiß und dann in Farbe. Doch nie verließ mich das Gefühl, dass die Farm eine Falle war, aufgestellt, um mich in die Vergangenheit zu ziehen, und dass ich eindeutig die Pflicht hatte, ihr zu entkommen.

Ich fragte Dwight Potteiger, meinen Nachbarn im Süden: »Was soll ich mit all den Katzen machen?«

Er baut Zuckermais und grüne Bohnen für den Verkauf an und ist stellvertretender Chef des Schulbusparks im Township. Er teilte mir vertraulich mit: »Ich habe Irma so oft gefragt: ›Was soll David bloß mit all den Katzen machen, wenn Sie mal nicht mehr da sind?‹ Sie hat dann immer ganz seelenruhig gesagt: ›Ach, Davey findet schon einen Weg. Das hat er immer. Er hat mir hier seit zwanzig Jahren ein Leben auf großem Fuß ermöglicht.‹«

Sie war in ihren Sechzigern zur Witwe geworden. Meine Beiträge zu ihrem Unterhalt, zusätzlich zu der Pension meines Vaters und ihrer beider Ersparnissen, hatten gerade eben ausgereicht und erschienen mir nun, da sie tot war, als ziemlich armselig. Das, was Dwight sagte, irritierte mich auch insofern, als ihr der Name Irma immer unangenehm gewesen war und sie es nicht gemocht hatte, wenn die Leute sie so nannten. Als ich sie einmal fragte, wie sie denn gern genannt werden wolle, nahm sie das übel. *»Du«*, sagte sie, »darfst mich ›Mutter‹ nennen.«

»Sie hat manchmal ein bisschen übertrieben«, sagte ich.

»Ja, also, mit diesem Katzenrudel, da hat sie ganz bestimmt übertrieben. Ich möchte nicht wissen, wie viel Geld sie in Futter gesteckt hat. Die letzten ein, zwei Jahre hat sie mich immer angerufen, wenn sie vom Einkaufen zurück war, ich bin dann rübergegangen und hab ihr die Kartons in die Küche getragen.«

»Danke«, sagte ich. Dwight war der Sohn, der ich hätte sein sollen.

»Eine Woche oder so, und sie hatte im Kofferraum die nächste Ladung, die man ins Haus schleppen musste.« Machte er gerade einem aufgestauten Ärger Luft, oder wollte er, dass ich sie wieder lebendig vor mir sah?

So reumütig, wie ich nur konnte, sagte ich: »Sie haben ihr Gesellschaft geleistet, gewissermaßen.«

»Die sind total verwildert«, sagte Dwight. »Wenn man abends mal vorbeikam, sind die von der Veranda runtergeschossen, als ob sie noch nie einen Mann mit Bart gesehen hätten.« Sein Bart hatte anfangs, als er ihn wachsen ließ, auch mich erschreckt – hierzulande kannte man Bärte nur bei Amischen und bei Vorfahren auf den dicken Seiten eines Fotoalbums. In das borstige Grau und Braun dieses Barts war verblüffend viel Rot gemischt; er verlieh seinem

Träger eine grimmige Autorität und schien seine Stimme zu verstärken.

»Sie hat sie gefüttert, verstehst du«, sagte ich lahm, »damit sie nicht die Vögel fressen.«

Er gnickerte. »Das hat sie sich so gedacht, ich hab's aus ihrem eigenen Mund gehört. Aber ich habe zu ihr gesagt: ›Irma, ich würde trotzdem nicht behaupten, dass das hier bei Ihnen das reine Paradies für unsere kleinen gefiederten Freunde ist.‹ Sie mochte es nicht, wenn ich so was sagte. Sie hat mir dann ein Zeichen gemacht, dass ich still sein soll, und hat geflüstert: ›Hörst du? Das ist die Spottdrossel, die sagt mir gerade danken.‹« Er lachte, über meine Mutter oder über die Treffsicherheit, mit der er sie nachahmte.

»Aber –« Ich verlagerte mein Gewicht aufs andere Bein, meine Mutter war mir fürs Erste lebendig genug vor Augen gestellt worden.

Breit in seinen Bart grienend, redete er weiter: »Ich weiß mit Sicherheit, dass sie ein paar Schwalbennester verloren hat, als die Katzen rauskriegten, wie sie an den alten Stalltüren hochklettern können. Rauchschwalben lassen sich nicht so leicht abschrecken, aber Irmas sind irgendwann nicht mehr wiedergekommen.«

Ich drängte weiter, fort von so viel Traurigkeit. »Meine Frage ist, Dwight, was mache ich mit ihnen? Mit den Katzen. Ich kann sie doch nicht einfach in der Landschaft verhungern lassen.«

Ich bettelte, das war ihm klar. Er fragte nicht: »Wieso denn nicht?«, aber ich wusste, dass er's dachte. Er war nachsichtig gegen meine Schrullen, wie er es gegen die meiner Mutter gewesen war.

»Ich treffe mich noch mal mit dem Anwalt in der Stadt und mit dem Pastor in der Kirche und mit dem Bestattungsunternehmer, und dann muss ich nach New Jersey zurück«, sagte ich.

Jetzt war er es, der sein Gewicht aufs andere Bein verlagerte. »Ja, also, ich könnte die Schrotflinte nehmen und zur Abendbrotszeit rübergehen, wenn sie sich auf der Veranda versammeln. Ein paar wären dann schon mal weg, und für die anderen ist es vielleicht ein Wink mit dem Zaunpfahl, und sie türmen. Wenn du willst, frage ich Adam, ob er mit seiner Murmeltierbüchse runterkommt, dann können wir in einer Zangenbewegung vorgehen. Der Besitzer muss dazu seine Einwilligung geben, aber die gibst du uns ja, oder?«

»Ja, natürlich. Irgendwas *muss* geschehen.« Adam Schwab war der nördliche Nachbar, ein rundlicher Obstgärtner mit vielen Kindern und Enkelkindern. Wir drei Grundbesitzer waren ungefähr im gleichen Alter, Ende fünfzig. Sie waren Jungen gewesen, als wir hierher zogen. Ich hatte versucht, mit ihnen zu spielen, aber ihre Ballkünste waren kümmerlich gewesen. Ihre dumpfe, schwere Erdhaftigkeit hatte mir Angst gemacht – hatte mich an den Tod erinnert.

»Ich wäre wirklich *sehr* dankbar«, betonte ich und fand selber, dass meine Stimme verstädtert klang, weichlich, gönnerhaft.

Dwight sagte: »Wir wollen doch nicht, dass du dir Sorgen machst, wenn du wieder bei deinen feinen, gebildeten Leuten im College bist.« Ich konnte den Gefallen meines Nachbarn nicht annehmen, ohne seine Sticheleien über mich ergehen zu lassen. Als mein Vater nicht mehr da war und meine Mutter alles allein aushandeln musste, hatte sie eine gute Hand bei diesen ländlichen Transaktionen bewiesen: für jede Gefälligkeit gab's eine kleine »Pflaumerei«. Sie verpachtete Ackerland an ihre Nachbarn, und die halfen ihr bei Schneestürmen und bei Krisen technischer Art. Wenn sie nicht auf der Farm bleiben konnte, würde ihr Grund und Boden aller Voraussicht nach einem Baulanderschließer zum Opfer fallen, und die Gegend wäre für immer eine andere: eine mit Faulkammern und Schnellverkehr, mit höheren Steuern und niedrigerem Grundwasserspiegel. Auch mir war daran gelegen gewesen, sie auf der Farm zu halten, fern von meinem Leben. Aber ich hatte angefangen, mir Sorgen zu machen: wie sollte sie den kommenden Winter überstehen? Sie enthob mich jeglicher Entscheidung, indem sie tot neben dem Ausguss in der Küche niederfiel, als sie sich gerade ein Schweinskotelett briet und das Abendnachrichten-Team von Channel 4 im Wohnzimmer schwätzte.

Am nächsten Morgen, als ich die Katzen fütterte, sagte ich zu ihnen: »Esst auf, ihr Süßen – eure Tage sind gezählt.« Ich hatte halb damit gerechnet, im Schlaf Gewehrschüsse knallen zu hören, doch der Tag brach still und taubenetzt an. Der Zementboden der Veranda war mit Spuren von nassen Pfoten gemustert. Ein Kontinent aus grauem Gewölk zog am Himmel über den Strommasten und den noch lebenden Obstbäumen auf. Als wir hierher zogen, hatte es eine Pumpe auf dieser Veranda gegeben, und alles Wasser, das wir brauchten, war von Hand hochgepumpt worden, in Töpfe und Eimer. Anfangs hatte es meine Kräfte fast überfordert, den eisernen Schwengel auf und nieder zu drücken, bis endlich das Wasser floss. Irgendwann bekamen wir dann Wasseranschluss im Haus und eine elektrische Pumpe, da war mir das Pumpen mit der Hand aber längst so selbstverständlich wie einen Hahn aufzudrehen. Ähnlich dem Hantieren mit dem Dosenöffner hatte das Pumpen seinen eigenen einschmeichelnden Rhythmus, sein mechanisches Lied.

Meine Mutter hatte in die Ecken der Veranda einige Topfgeranien gestellt und an einen in die Decke geschraubten Haken Windglocken gehängt. Sie hatte sie in einem der zahllosen Kataloge gesehen, die sie sich schicken ließ, und hatte sie bestellt; die Idee amüsierte sie. Es war eine glückliche Gabe, dachte ich, sich leicht über etwas amüsieren zu können. Diese Glocken und das forschende Scharren in den Wänden hatten mich nicht am Schlafen gehindert – ich hatte befürchtet, sie würden es tun. Die Termine des Tages verschafften mir Klarheit über die nähere Zukunft: ich würde spätabends nach Brunswick zurückfahren und in zwei Tagen mit meiner Familie wiederkommen, zur Beerdigung, und einen Kleintransporter mitbringen, um die Möbel meiner Mutter, die wir nicht dem Auktionator überlassen wollten, zu uns zu nehmen. Ich fuhr, mit Josie im Auto, die Straße hinauf, hielt bei den Schwabs und fragte Adam, ob er ein Auge aufs Haus haben könnte. Er und seine Frau wohnen in einem kleinen neuen Ranchhaus nah an der Straße; seine Eltern leben wie eh in dem Sandsteinhaus, das genauso aussieht wie das meiner Mutter – es steht weiter hinten neben der Scheune, die er zu einer einladenden Obstverkaufsstelle umgemodelt hat. Er sagte, er werde sich drum kümmern, und lächelte, womit er mir zu verstehen gab, dass es nicht nötig sei: mochte ja sein, dass sich in diesem Teil der Welt allerlei änderte, aber noch war's nicht so weit, dass die Leute herumzogen und die Häuser gerade eben Verstorbener ausraubten.

»Ich bin dir wirklich sehr dankbar dafür«, sagte ich, »dass du Dwight helfen willst, die armen Katzen zu erschießen.«

Er schaute verdutzt. »Ich weiß nichts davon, aber ich denke, das sollte sich machen lassen«, sagte er, als beruhige er meine Mutter, dass er ihren Traktor wieder in Gang bringen werde.

Als zwei Tage später, zur Abenddämmerung, meine Familie in einem Kombi eintraf und ich in einem rumpelnden, zur Hälfte orange lackierten Leihtransporter, kam mir die Zahl der Katzen auf der Hinterveranda nicht kleiner vor als bei meiner Abfahrt, aber die Tiere waren sichtlich wilder geworden. Sie jaulten zu mir herauf, ließen ihre gebogenen Eckzähne sehen, ihre gewölbten rauen Zungen, die rosigen Membranen ihrer Rachen. Einige Junge taumelten vor Schwäche, stimmten aber ein in das Protestgeheul, die Hungerklage. Ich bahnte mir mit Fußtritten einen Weg durchs Gewimmel, aber sobald ich sicher in der Küche war, gab ich meinem Sohn Max einen Zwanzigdollarschein und bat ihn, zum Lebensmittelladen in Fern Hollow zu fahren und so viel Katzenfutter zu kaufen, dass es für die Dauer unseres Aufenthalts reichte. Er sah mich erschrocken an und sagte, er habe sich in Fern Hollow immer verfahren. Meine Frau hörte, was wir redeten, und trat fürsorglich zu uns. »Max war höchstens dreimal in seinem Leben in diesem Laden«, sagte Evelyn. »Wenn wir zu Besuch hier waren, haben wir immer im Supermarkt in Morgantown eingekauft. Warum kann er nicht dorthin fahren?«

»Das ist zwei Meilen weiter, und die machen um fünf Uhr dreißig zu. Außerdem war meine Mutter der Meinung, dass man in den kleinen Läden kaufen soll, damit sie nicht eingehen.«

Meine Frau seufzte und verdrehte die Augen nach oben. »Deine Mutter ist tot, Schatz. Wir können im großen Laden kaufen, wenn wir das möchten.«

»Der ist *zu*, habe ich doch eben gesagt. Wir halten es hier nicht aus, wenn die Katzen die ganze Nacht jaulen.«

»Vielleicht hören sie auf, sobald wir das Licht ausmachen«, sagte sie. »Wär's nicht an der Zeit, dass sie der Realität ins Auge sehen?«

»*Ich* fahre, verdammt«, sagte ich, in der Annahme, alle würden sie dagegen protestieren, dass ich, das Oberhaupt unserer Trauergesellschaft, sie allein lassen wollte in dem alten Steinhaus mit den raschelnden Nagetieren und den luftlosen, funzlig erhellten Zimmern. Wir waren alle noch in der Küche, wo die Stutzuhr meiner Mutter, die mit einem Schlüssel aufgezogen werden musste, nicht mehr tickte und nicht mehr die Stunde schlug. Ihr melancholischer, kehliger Gong hatte in manch einer Nacht, da ich ein Knabe war, über meine Schlaflosigkeit gewacht.

Hiram, der Mann meiner Tochter, sagte: »Ich erledige das für dich, Dave, du musst mir nur sagen, wie ich fahren soll.«

Es war nett gemeint, aber trotzdem: er fängt schon an, eine Glatze zu bekommen, und ist von einer Öligkeit und einer Princeton'schen Selbstgefälligkeit, dass es mich ständig juckt, ihm einen Tritt zu verpassen. Der Ärger über die anderen floss in meine Antwort ein: »Dir das zu erklären würde zu lange dauern. Es gibt ungefähr sechs Abzweigungen, und keine ist beschildert.«

»*Er* ist der Junge vom Lande«, sagte meine Frau und lächelte Hiram verschwörerisch zu, »soll er doch fahren.« Zu mir gewandt sagte sie: »Du liebst diese gewundenen alten Straßen. Du kannst unterwegs Zwiesprache mit deiner Mutter halten.« Meine Mutter war über meine frühe Eheschließung nicht erbaut gewesen, und ihre Missbilligung war nicht verborgen geblieben, wie es in Familien so geht. »Bring Milch und Orangensaft für morgen früh mit und vielleicht Brot oder so. Von den muffigen Frühstücksflocken deiner Mutter sind wahrscheinlich noch genug da.«

Nancy, meine Tochter, sagte: »Ich fahre mit, Dad.«

»Wird es nicht Zeit, dass Peter sein Abendbrot bekommt?«, fragte Evelyn.

Peter war mein Enkelsohn, zwei Jahre alt.

Hiram sagte: »Ich stecke ihn schon mal in seinen Schlafanzug, Nance. Leiste du deinem Dad Gesellschaft.«

»Ich möchte, dass Peter mitkommt«, sagte sie. »Ich möchte, dass er mal einen richtig altmodischen Dorfladen sieht.«

»So altmodisch ist er ja nun auch nicht«, sagte ich defensiv. Sie taten gerade so, als ob diese ländliche Gegend, in der ganz normal gearbeitet wurde, ein Themenpark sei. Jetzt hatte ich also meine einzige Verbündete verprellt, meine Tochter. Das Schreien der Katzen zerrte an meinen Nerven. Sie scharrten und kratzten in ihrem Hunger an der Schnakentür.

»Auto fahren bääh«, sagte Peter.

»Niemand kommt mit«, bestimmte ich. »Katzenfutter, Orangensaft, Milch, Doughnuts.«

»Wir haben's nicht so mit Doughnuts«, sagte Hiram rasch.

»Okay, keine Doughnuts«, schnappte ich zurück.

»Bring aber für dich welche mit«, empfahl Evelyn, als könnten sie mir zu verbotenem, aber köstlichem Muttertrost verhelfen.

»Brezeln«, schlug ich stattdessen vor. »Irgendjemand hier, der's nicht so mit Brezeln hat?«

Es war, wie immer, eine Erleichterung, aus dem Haus zu kommen, ins Auto zu steigen und die schwingende Freiheit der baumbestandenen Straßen zu erreichen. Neue Ranchhäuser, hässlich aus Holz und Sandstein gebaut und mit Seitenverkleidungen aus Vinyl, fügten ihre erleuchteten Fenster und gemähten Vorgärten zu den verstreuten Wohnstätten, an die ich mich von früher erinnerte. Meine Mutter hatte oft erzählt, wie ihr Vater sie im Gig mitnahm, wenn er an der Station in Fern Hollow den Zug nach Alton besteigen wollte, und wie sie dann, obwohl sie erst neun oder zehn war, mit dem Gig allein zur Farm zurückfahren durfte. Natürlich kannte das Pferd den Weg. Von Dunkelheit umgeben, in Gedanken bei einem kleinen Mädchen mit Schleifen im Haar, das Pferd und Wagen drei Meilen weit durch Wald und Tabakfelder heimwärts lenkt, übersah ich eine der Abzweigungen. Statt umzukehren, bog ich in einen Weg ein, den ich als Abkürzung in Erinnerung zu haben glaubte, aber er endete bei einer verlassenen Kiesgrube. Der Schweiß brach mir aus, die Klaustrophobie meiner Jugendjahre war wieder da. Es dauerte eine Ewigkeit, so kam es mir vor, bis ich zur Landstraße zurück und nach Fern Hollow fand. Stoudts Keystone war aber noch geöffnet, vor der Tür die beiden Benzinpumpen und auf der Seitenveranda stapelweise Pferdefutter und Säcke mit Düngemitteln. Roy Stoudt, hinterm Ladentisch, erkannte mich trotz meiner Verkleidung – Stadthemd und Blazer – und nickte mir zu. Als ich ihm erklärte, was ich wollte, sagte er: »Ich hab mir schon Gedanken gemacht, wie's den Katzen wohl geht.«

»Nicht so gut. Die Nachbarn haben versprochen, ein paar zu schießen, aber bis jetzt haben sie nichts getan. Ich brauche nur einen Karton, damit wir über die nächsten Tage kommen.« Ich dachte an die vor Hunger torkelnden Jungen und sagte: »Vielleicht zwei Kartons.«

»Deine Mutter hat am liebsten gemischtes Rind genommen und das Allerlei aus Meeresfrüchten.«

»Fein. Irgendwas.«

»Bei Schwein rümpfen sie die Nase, hat sie immer gesagt, sie wären eben alttestamentarische Katzen. Sie war eine Lustige. Man wusste nie, wann sie einen auf den Arm nahm.«

»Mhm, war ein Problem, für mich auch.« Am Rutgers hätte ich gesagt: »Das war auch für mich ein Problem.« Es war nicht schwer, in die hiesige Sprechweise zu fallen. Stoudts Keystone war ein lang gestreckter dunkler Laden mit abgenutzten, gemuldeten Dielenbrettern, in denen blank gewetzte Nagelköpfe blinkten, dort, wo Generation auf Generation an der Registrierkasse vorbeigeschlurft war. Man konnte immer noch zu Röhrchen aufgerolltes Fliegenpapier kaufen und Priemtabak. Ich hatte Mühe, mich angesichts der reichen Auswahl an abgepackten Kohlenhydraten für eine Brezelsorte zu entscheiden. Schließlich nahm ich einen Beutel, auf dem stand: NEU! *Fettarm, natriumarm.*

Während Roy meine Einkäufe in die Kasse eintippte, fuhr er fort: »Sie hat zu mir gesagt: ›Mein Junge findet es verrückt von mir, all diese Katzen zu füttern, aber es ist mein einziger Luxus. Ich fahre keinen Mercedes, und ich trage keinen Nerz.‹«

»Ich habe nie ›verrückt‹ gesagt. Allenfalls ›unsinnig‹.«

»Sie *hat* ein paar Mal welche eingefangen und sie zum Tierheim gebracht«, sagte er. »Aber viel genützt hat es nicht, die Natur war ihr einfach über.« In seiner Freundlichkeit schwang etwas Hinterhältiges; ich ahnte, was für ein Witz sie mit ihren Katzen in der Gegend hier gewesen war. »Da«, sagte er. »Ich habe ihr immer Mengenrabatt eingeräumt, dir berechne ich auch weniger.«

»Das musst du nicht.« Ich hätte mir auf die Zunge beißen mögen. Ich konnte seine Antwort schon hören – sie würde eine pedantische Unterscheidung machen, ähnlich der zwischen »können« und »dürfen«, wie sie uns in der dritten Klasse eingebläut worden war.

»Ich weiß, dass ich nicht *muss,* David, ich *möchte.* Sie war eine gute Kundin«, sagte er. »Deine Mutter wird uns hier fehlen. Sie war noch vom alten Schlag.«

In der Katzenfutterabteilung von Stoudts Keystone würde sie mit Sicherheit fehlen. Ich sagte, was ich gleich hätte sagen sollen: »Vielen Dank für den Rabatt, Roy.«

Draußen, unter den von Faltern umschwirrten Lampen,

blinkten Reste von Bahngleisen in der Schwarzdecke des Parkplatzes; es hatte sich nicht gelohnt, die schweren Eisenstränge herauszureißen. Sie führten über die kleine Straße, die in beiden Richtungen auf Tunnel aus Dunkelheit zulief. Der Wald hatte sich das Bahngelände noch nicht vollständig zurückgeholt; die Schienen waren größtenteils fort, aber der Gleisschotter und die mit Kreosot behandelten Schwellen waren noch da und ließen nichts wachsen. Durch diese dunkle Schneise war mein Großvater einst nach Alton gefahren, über steinige Bäche und eiserne Brücken, und Funken hatten gesprüht.

Als ich zum Haus zurückkam, das ich geerbt hatte, sah ich, wie Katzenschatten sich in die Winkel der Veranda drückten und die Häupter meiner Lieben vor dem Fernseher versammelt waren. Ich drehte die Kurbel des Dosenöffners und versuchte, mich an das Lied zu erinnern, das meine Mutter immer gesummt hatte. Es hatte eine altmodische Melodie, wie »Let Me Call You Sweetheart«, aber das war's nicht. Nancy, immer noch gekränkt, weil ich sie nicht gedrängt hatte, mich zu begleiten, rief aus dem Wohnzimmer, dass die Brezeln nach nichts schmeckten. »Sie sind ohne Fett und Salz«, erklärte ich. »Zu deinem *Wohl*!« Als ich ein Junge war, brachte mein Vater manchmal, an Sommerabenden, nach der Arbeit, eine Tüte Brezeln mit nach Haus und dazu einen großen Becher Eiscreme in drei Farben. »Ich hätte Eis mitbringen sollen«, sagte ich. Als Junge tunkte ich die Brezeln in die Eiscreme und schob mir beides zusammen in den Mund: die Kombination ließ beides noch besser schmecken, die Brezeln und das Eis.

»Großer Gott«, sagte meine Frau aus dem zu dick gepolsterten Ohrensessel heraus, in dem meine Mutter immer gesessen und sich eine fade Sendung nach der anderen angeschaut hatte. »Du regredierst immer mehr.«

Am Morgen der Beerdigung machte ich mich daran, den vollgestopften Schreibtisch meiner Mutter zu entrümpeln, und fand eine Notiz auf mürbem blauen Briefpapier in einem Umschlag, auf dem DAVID stand, nichts sonst. In ihrer kleinen, nach hinten kippenden Schrift hatte sie festgehalten:

> Wenn mein Tod kommt, möchte ich so schlicht wie möglich bestattet werden, in dem einfachsten und billigsten Sarg, der vorrätig ist. Anstelle mir zugedachter Blumen bitte ich um Spenden an das
> Tierheim von Boone Township
> R.F.D. 2, Postfach 88
> Emmetstown, Penna.

Ich hatte alles falsch gemacht. Gut bei Kasse durch meine Erbschaft, hatte ich im Souterrain des Beerdigungsinstituts den zweitteuersten Sarg gekauft, aus Kirschbaumholz, mit glänzenden Messingstangen, an denen man ihn tragen konnte, hatte mit dem lutherischen Pastor die übliche lutherische Trauerfeier vereinbart und ein kaltes Büfett bestellt, für hinterher. In der Todesanzeige in der Zeitung von Alton hatte nichts von erbetenen Geldspenden an das Tierheim gestanden. Und ihre an mich adressierten Zeilen gingen mit keinem Wort darauf ein, was ich mit den Katzen tun sollte.

Als die Begräbniszeremonie vorüber war, schlenderte

Dwight über das Friedhofsgras auf mich zu und sagte: »Es war mir in den letzten Tagen nicht möglich, mit dem Gewehr vorbeizukommen – wir machen gerade die Busse fürs nächste Schuljahr fertig, die Wartungsarbeiten dauern immer ihre Zeit. Und Adam muss sehn, dass er die ersten Pfirsiche vom Baum kriegt. Aber wir kümmern uns, kannst dich drauf verlassen.«

Der Anblick, wie der Kirschbaumsarg mit den Messingbeschlägen in die sauber ausgestochene Grube sank, glomm mir noch im Gehirn. Ich sagte: »Dwight, es ist wahrscheinlich zu viel verlangt. Denkt einfach nicht mehr daran, du und Adam. Ich überlege mir eine andere Lösung. Es ist nicht euer Problem.«

»Nun, nun, das wollen wir aber doch nicht«, sagte er tröstend. Er sah merkwürdig aus im marineblauen Kirchgangsanzug an einem Werktag im Mittagssonnenschein. Adam hatte seine ganze Familie mitgebracht, einschließlich dreier Enkel, die er aus der Obstplantage geholt und in ihre Sonntagssachen gesteckt hatte. Einige andere Nachbarn waren gekommen und Martha Stoudt aus Fern Hollow – sie hatte das kalte Büfett geliefert. Roy war hinter seinem Ladentisch geblieben. Drei meiner Klassenkameradinnen aus der Highschool hatten sich eingefunden, was mich rührte, und ein Geschäftsfreund meines Vaters, ein Wirtschaftsprüferkollege, von dem ich glaubte, dass er vor langer Zeit gestorben sei. Aber im Gegenteil, obschon älter als meine Eltern, sah er drahtig und gebräunt aus. Er verbrachte die Hälfte des Jahres in Florida und hatte dort unten keinen Mangel an Tanzpartnerinnen; Letzteres vertraute er mir mit einem Augenzwinkern an. Dass er senil war, verriet sich nur in seinen Tränen, die einfach nicht trocknen wollten, obwohl die frühherbstliche Sonne brannte und auf dem Friedhofshügel ein ausdörrender Wind wehte. Es war, als fließe in diesem unaufhörlichen Niederrinnen all die Trauer mit, die wir anderen in unserer Abgelenktheit nicht empfanden.

Martha Stoudt, die Frau des Pastors und ich waren hinsichtlich der Zahl derer, die zur Beerdigung kommen würden, zu optimistisch gewesen. Im Empfangsraum der Kirche warteten Berge von Kartoffel- und Krautsalat, Brot und Aufschnitt auf uns. Das Essen hielt uns fest wie Fliegen; wir unterhielten uns leise miteinander, obgleich es die Farmer zu ihren Farmen zurückzog und meine Highschool-Freundinnen zu ihren Arbeitsplätzen. Die Mädchen von einst waren alle drei in der Sozialfürsorge tätig, wie ich inzwischen wusste – von der Regierung finanzierte Mütter für die vielen Waisenkinder der Nation. »Wir sind auf einem *guten* Weg«, versicherte June Zimmerman mir. Sie war die Hübscheste von den dreien gewesen, vor vierzig Jahren, als sie halb so viel wog wie jetzt. »Sie *lernen* jetzt Englisch«, sagte sie fast singend. »Sie *wissen*, dass sie's müssen, wenn sie mehr wollen als einen Job im unteren Dienstleistungssektor. Es dauert einfach ein, zwei Generationen, mit unseren Leuten war es damals genauso.« Ungeheuer vollbusig, war sie den Söckchen und den kessen kurzen Cheerleader-Faltenröcken, in denen ich sie immer noch sah, seit Langem entwachsen. Möglich, dass ich in ihren Augen ein neugeborenes Waisenkind war.

Was meine Mutter angeht: seltsam, wie wenig es über ein Leben zu sagen gibt, wenn es vorüber ist. Ich konnte sie spüren in dem Empfangsraum: sie war höflich, nahm aber, um später darauf zurückzukommen, sarkastisch Notiz von unserem kollektiven Unvermögen, der Situation auch nur halbwegs gerecht zu werden. Menschen waren ihr, verglichen mit Tieren, immer unbeholfen erschienen. Es ärgerte mich an ihrer Statt, dass der Geistliche im Eifer seiner oratorischen Bemühung, den Anwesenden vor Augen zu führen, was das Besondere an der lieben hingeschiedenen Irma gewesen war, vergessen hatte, der Organistin ein Zeichen zu geben, sie solle »Ein feste Burg« spielen. Wie viele Lutheraner werden zu Grabe getragen, ohne dass ihnen, ein letztes Mal, »Ein feste Burg« erklingt? Ich fand, es war ein Skandal, wenn auch kein ganz großer. Schmählich packte meine lebende Verwandtschaft das übrig gebliebene Essen ein, und wir fuhren zurück zu dem einsamen Haus mit den faulenden Fensterbrettern und dem reichen Bestand an willkommen geheißenen Schädlingen. Es war noch nicht Fütterungszeit, aber die Katzen wuselten schon hoffnungsvoll auf der hinteren Veranda; ein paar Scheunenkatzen hatten sich zum Haus gewagt und schossen in grauen Blitzen über den Rasen zurück, als unser Auto in die Zufahrt einbog.

Es war stickig und still im Haus. Meine Frau ging in alle Zimmer und riss die klemmenden Fenster auf, entgegen der Theorie meiner Mutter, dass die Fenster geschlossen bleiben müssten, damit die Kühle nicht entweichen könne. Evelyn und Nancy und ihr Mann brannten darauf, wieder nach Hause zu kommen; wir hatten eine Nachbarin gebeten, die dicke alte Josie und unseren eigenen gepflegten Cockerspaniel zu füttern. Max und ich wollten noch ein, zwei Tage bleiben – wenn es sein musste, auch länger – und den Möbelwagen beladen und das Haus besenrein machen, bevor wir es dem Immobilienmakler zeigten. Wohin wir auch sahen, vom Kühlschrank, gefüllt mit Aufschnitt und Kartoffelsalat, bis zum Dachboden, wo wir die defekten Möbel eines halben Jahrhunderts vorfanden, in uraltes braunes Zeitungspapier gewickeltes Geschirr, Alben mit den Fotografien von Vorfahren, deren Namen nun niemand mehr kannte, *Life*-Nummern von besonderem historischen Interesse: wir waren überwältigt. Nancy legte Peter oben ins Bett, zu seinem Nachmittagsschläfchen, Evelyn hatte Kopfweh, Max und Hiram machten den Fernseher an, und ich floh, ich setzte mich ins Auto und fuhr nach Emmetstown. Das kurze Schreiben meiner Mutter hatte einen Hinweis enthalten.

Ich fuhr vier Meilen auf Nebenstraßen und über ratternde Brücken, die bald auf die eine, bald auf die andere Seite eines Bachlaufs führten, und gelangte so an den Stadtrand von Emmetstown; ein einfaches, selbst gemachtes Schild wies den Weg zum Tierheim. Ich war einige Male mit meiner Mutter hier gewesen und hatte eingefangene Katzen abgeliefert.

Das Tierheim hatte ihr vor zwölf Jahren zwei verzinkte Fallen geliehen. Sie hatte als Köder Leberpastete benutzt. Bei verschiedenen Wochenendbesuchen hatte ich ihr geholfen, ihre traurige Fracht zu transportieren. Kater und junge Mütter waren am schwersten zu tragen, sie ließen in ihrer Panik die langen Käfige vor und zurück kippen, warfen sich gegen die zugefallenen Türen und versuchten, sich mit Zähnen und Krallen durch den Maschendraht zu kämpfen. Wir stellten sie im Tierheim auf den Tresen, eine stämmige, blasse Sechzehnjährige brachte sie weg und gab uns zehn Minuten später, noch blasser aussehend als vorher, die leeren Fallen zurück.

In den Jahren, seit ich das letzte Mal hier gewesen war, hatte sich einiges verändert. Aus dem rückwärtigen Teil des Komplexes, wo die Fußböden aus Beton waren, drangen zwar immer noch die Gerüche und das Heulen von Tieren, aber der Eingangsraum sah jetzt eher wie ein Büro aus, an den Wänden hingen gerahmte Zertifikate und Drucke von Bildern, die Wildenten zeigten. Der hohe kahle Tresen war weg, und in der Mitte des mit einem grobnoppigen Teppichboden ausgelegten Raumes stand ein Schreibtisch aus Nussbaumholz.

Hinter ihm saß eine breitschultrige, farblose Frau; ihr gebleichtes Haar war penibel zu einer aus der Mode gekommenen hohen Bauschfrisur toupiert. Sie hob das blasse Gesicht, als ich eintrat. Bevor ich mich vorstellen konnte, sagte sie: »Es hat mir so leidgetan, als ich das mit Ihrer Mutter las, David. Sie war eine so nette Dame. So ein feines Benehmen, selbst wenn man deutlich sehen konnte, dass sie aus der Fassung war.«

In den vertraulichen Ton einstimmend, fragte ich: »Wieso aus der Fassung – wann haben Sie sie so gesehen?«

»Oh, mit den Katzen. Sie herbringen müssen, um sie, na ja, um sie beseitigen zu lassen, wo's doch ihre kleinen Lieblinge waren. Manche hat sie mit Namen angeredet, wenn sie sich von ihnen verabschiedet hat. Sie hat mal gesagt, es trifft immer die zahmsten, die vertrauen ihr und nehmen den Köder an – die richtig wilden lassen sich nie fangen.«

»Es war furchtbar, wie sie sich vermehrt haben.«

»Ja, so ist das, wenn man ihnen zu fressen gibt.« Während ich mich noch mit dieser malthusischen Wahrheit herumschlug, setzte sie hinzu: »Das liegt in der Natur des Tiers.« Sie sah, dass ich immer noch verdattert war, und sagte: »Es ist hart.«

»Ja«, stimmte ich ihr zu. »Hart. Haben Sie eine Idee, was ich tun soll?«

»Mit den Katzen?«

»Absolut.« Mit was denn sonst? Meine anderen Probleme – mit Evelyn zurechtzukommen, den Kanon europäischer Literatur Studenten zu vermitteln, deren Aufmerksamkeitsspanne die Länge von TV-Commercials hatte – fielen nicht in den Zuständigkeitsbereich eines Tierheims.

Sie dachte nach und sagte: »Haben Sie noch die Fallen?«

»Ich habe nicht nachgesehen, aber ich nehme an, sie sind noch in der Scheune.«

»Ich frage, weil Ihre Mutter seit etlichen Jahren nicht mehr vorbeigekommen ist.«

»Sie war zu schwach dafür. Es ist nicht so leicht, mit einer Falle umzugehen, in der eine Katze gefangen ist und sich wehrt.«

»Ach, wem sagen Sie das!« Sie sprach mit zunehmender Milde, wie zu einem Behinderten. Ihre Fingernägel waren kurz und nicht lackiert, ihr Gesicht aber war mit der ein wenig übertriebenen Sorgfalt zurechtgemacht, wie man sie von mittleren Bürodamen kennt – von kleinstädtischen Posthalterinnen oder Anwaltssekretärinnen. Ich wusste auf einmal, dass diese gesetzte Angestellte in verantwortlicher Position das stämmige Mädchen, die jugendliche Exekutorin von damals war. Sie hatte angenommen, dass ich sie sofort wiedererkannte, so wie sie mich gleich wiedererkannt hatte. Ein junger Untergebener in Latzhose und mit Pferdeschwanz öffnete die Tür zum duftenden Dahinter, sagte einige unverständliche Worte, nahm ein bestätigendes Kopfnicken entgegen und schloss die Tür.

Lahm fuhr ich fort: »Ich glaube, das Ganze ist ihr irgendwann über den Kopf gewachsen. Jeden Tag das Futter hinstellen, das ging gerade noch, mehr war nicht mehr drin. Im Gehölz liegt ein regelrechter *Berg* aus Blechbüchsen!«

Sie kratzte sich bedächtig unterm hübschen kleinen Ohr, und ein Hauch ihres Parfums wehte mich an. »Wissen Sie, David«, erklärte sie mir, »so eine Population hält sich ganz von selbst in Grenzen. Bei der Inzucht und bei der engen Nähe, in der sie miteinander leben, sind Katzen sehr krankheitsanfällig. Sie bekommen sogar eine Form von Aids, eine Seuche, die gerade grassiert.«

»Toll, aber viele sind noch ziemlich munter und jaulen an der Hintertür. Meine Familie ist zur Beerdigung mitgekommen und hat Angst, nach draußen zu gehn. Ich kann mich nicht einfach davonmachen, die Katzen wandern dann in die Nachbarschaft ab! Einer der Nachbarn hat versprochen, ein paar zu schießen, aber es ist ihm lästig, und ich bezweifle, dass er's noch tut.«

Sie änderte den Neigungswinkel ihres lauschenden Kopfes, und ihre professionelle Geduld schien momentan überstrapaziert. »Ich war gerade dabei, Ihnen einen Vorschlag zu machen. Wenn Sie die Fallen noch in der Scheune haben, könnten Sie sie aufstellen und jeden Tag ein, zwei Katzen vorbeibringen. Die, die Sie am Ende nicht erwischen, sind so wild, dass sie nicht mehr aus dem Wald rauskommen.«

»Aber ich kann nicht *bleiben*!«

Meine Heftigkeit ließ sie blinzeln. Sie schien in mir den Nachfolger meiner Mutter gesehen zu haben, den neuen Herrn über das Haus mitsamt seinen zweiunddreißig Hektar voller Wolfsmilch und Pferdebremsen und rotem Morast, als hätte ich bisher in meinem Leben nur die Zeit totgeschlagen und auf den Augenblick gewartet, da ich mein Erbe in Besitz nehmen konnte.

»Ich lebe in New Jersey!«, sagte ich eindringlich. »Ich muss zu meinem Haus, zu meiner Arbeit zurück!«

»Sie wollen das Anwesen Ihrer Mutter verkaufen?«

»Ich muss! Ich kann mich nicht drum kümmern! Die Gebäude sind schon kurz vorm Einsturz!«

Sie kräuselte leicht die Lippen. »Bei uns hier in der Gegend gilt es als ein sehr hübsches Anwesen, aber wenn Sie nicht können, dann können Sie eben nicht. Ihre Mutter würde nicht erwarten, dass Sie das Unmögliche tun.« Doch aus Loyalität meiner Mutter gegenüber fühlte sie sich gedrängt, nach einer Pause hinzuzusetzen: »Obwohl sie von Ihnen immer so gesprochen hat, als ob Sie derjenige wären, der mal alles in die Hand nimmt. Sie hat zu mir gesagt: ›Amy, ich weiß, die Nachbarn denken, ich bin verrückt, aber ich halte doch bloß die Stellung, für Davey.‹ Wie lange *können* Sie also bleiben?«

»Zwei Tage, höchstens. Diesmal.«

Als guter Profi verbarg sie ihren Abscheu vor meiner feigen Hast. »So, aha. Bringen Sie die geliehenen Fallen vorbei, wir streichen sie dann von der Karteikarte Ihrer Mutter. Andernfalls muss ich Ihnen etwas berechnen.«

»Fein. Super. Ich bringe sie gleich morgen.« Ich hoffte, sie erwartete nicht, dass ich sie mit Inhalt brächte. Ich hatte auch gar keine Leberpastete.

»Außerdem, David«, sagte sie, »wir haben einen Mann, der sozusagen als Trapper für uns tätig ist. Er wohnt nicht weit von hier und arbeitet in Ihrer Gegend, in einem der neuen Discount-Outlets in Morgantown. Er kann auf dem Weg zur Arbeit die Fallen bei Ihnen aufstellen, und wenn er nach Hause fährt, nimmt er sie mit.«

»Das hört sich wunderbar an, einfach wunderbar. Wie viel verlangt er?« Wie ein Grenzlandsiedler, der nicht ohne Schusswaffe loszieht, hatte ich mein Scheckbuch dabei, für alle Fälle.

»Oh, von Ihnen gar nichts. Das ist Sache vom Township, fällt unter Umweltschutz. Für ihn ist es so was wie ein Hobby.«

»Wunderbar«, wiederholte ich noch einmal. »Es klingt fast zu schön, um wahr zu sein. Ich möchte dem Tierheim gern einen Scheck ausstellen. Meine Mutter hätte das so gewollt.« Dass sie sich statt Blumen für ihr Grab lieber Geldspenden für das Tierheim gewünscht und ich diesen Wunsch nicht bekannt gemacht hatte, verschwieg ich. Ich grübelte über die angemessene Summe nach. Hundert Dollar schienen mir bei der Größe der Gefälligkeit nicht genug. Ich sah ein wogendes Feld von Katzen vor mir, auf dem Ernte gehalten wurde: graue Garben, in Käfigen, die man im Morgentau aufstellte und in der Abenddämmerung einsammelte. Selbst zweihundert waren noch zu wenig. Ich stellte einen Scheck über zweihundertfünfzig aus, das machte pro Katze etwa einen Dollar. Sie war bestürzt über die Summe, ich sah das an den Bögen, zu denen ihre gezupften und mit dem Stift nachgezogenen Brauen sich hoben. »Und hier ist meine Nummer in New Jersey, für den Fall, dass Sie sie mal brauchen«, sagte ich. »Könnten Sie mir wohl Ihre Karte geben, und ich darf bei Gelegenheit anrufen und mich erkundigen, wie alles läuft?« Ich wollte verhindern, dass sie und ihr Angebot mir durch die Lappen gingen.

»Selbstverständlich, David.« Sie war steif und förmlich geworden; sie hatte begriffen, dass sie für mich eine Fremde war – jemand, den man sich zunutze machte, mehr nicht. Auf der Karte stand: »Amy Stauffer, Leiterin, Tierheim Boone Township«; dann die Anschrift, die ich vom Schreiben meiner Mutter kannte und die für mich der Tipp gewesen war, wie ich diese Nuss knacken könnte. Ich fuhr fröhlich gestimmt zum Farmhaus zurück und ließ die Reifen auf der schlängeligen Emmetstown-Straße quietschen. Früher stachelten mich Gedanken an meine Highschool-Flammen zur Tollkühnheit hinterm Steuer an; jetzt war ich verliebt in Amy Stauffer.

Während der nächsten zwei Tage überraschte Max mich damit, dass er eine große Hilfe beim Zusammenpacken war. Ich stand inmitten meiner Erbschaft, paralysiert von der vermeintlichen Bedeutung jeden Dings, all dieser Gegenstände, die geschwängert waren vom Duft nach meiner Vergangenheit, meiner Herkunft, und er traf Entscheidungen.

Dies bleibt hier, das kommt mit. Er hievte die schweren Teile in den Möbelwagen, und nichts ging kaputt; ich betrachtete ihn mit einem neu erwachten Respekt. Womöglich wurde ja doch noch was aus ihm. Er war einfach ein Kind seiner Zeit und hatte es nicht so eilig, von zu Hause fortzukommen, wie ich damals. Bevor wir im vollgepackten Umzugswagen davonfuhren, brachten wir, als letzten Festschmaus für die Katzen, den von der Begräbnisfeier übrig gebliebenen Aufschnitt ins Gehölz. »So, ihr Miezen«, sagte ich, als sie miauend zu mir heraufsahen. »Jetzt müsst ihr sehn, wie ihr zurechtkommt.«

In den folgenden Monaten, als am Rutgers der herbstliche Lehrbetrieb in Gang gekommen war, vermied ich es, zurückzufahren. Ich hatte Angst davor, von dem alten Sog erfasst zu werden. Alles wurde telefonisch geregelt. Es war fast unheimlich zu sehen, mit welcher Leichtigkeit die Gesellschaft ihre perfektionierte Maschinerie zur Übertragung von Eigentumsrechten anspringen ließ. Mein Anwalt, auch er ein ehemaliger Klassengefährte aus der Highschool, ließ den Wert des Grundbesitzes schätzen und sandte mir Formulare zu, die ich unterschrieben zurückschickte. Der Immobilienmakler gab mir laufend Kenntnis von Interessenten und konkreten Angeboten. Als ich ihn fragte, ob er bei der letzten Begehung des Hauses auf der hinteren Veranda Katzen angetroffen habe, tat er so, als müsse er in seinem Gedächtnis kramen, bevor er sagte: »Nein, keine!« Ihre miauende, pelzige, hungrige Masse hatte sich verflüchtigt wie der Gegenstand eines Traums. Die kärglichen Schätze meiner Mutter – das Porzellanservice mit Rosenmuster, der Eckschrank aus gebeizter Kiefer, ein Nähtisch aus wellig gemasertem Ahorn, zwei Tischdecken aus Spitze, sechs Esszimmerstühle mit Sprossenlehnen, silberner, mit Türkisen besetzter Navajo-Schmuck, den meine Eltern von ihrer einzigen Reise in den Westen mitgebracht hatten – fanden ihren Platz in unserm Haus oder in dem unserer Tochter, und einige Stücke waren Max versprochen, für den Fall, dass er vielleicht doch einmal eine eigene Wohnung besaß. Der kleine Peter wollte die Windglocken haben. Josie erbte ihren alten Fressnapf aus gelbem Plastik. Ins Farmhaus in Pennsylvania fielen die Leute von der Auktionsfirma ein und nahmen alles mit, jedes zerschlissene Möbel, jedes Erinnerungsstück, einschließlich der *Life*-Ausgaben, die vom Sieg an der europäischen Front und von der Kapitulation der Japaner berichteten, und Ende Oktober erhielt ich einen ansehnlichen Scheck über den Erlös bei der Auktion. Anfang November hatte der Makler ein pensioniertes Ehepaar aus Philadelphia gefunden, dessen Gebot weit unter der Summe blieb, die mir vorschwebte, das aber versprach, die Äcker und Wiesen auch in Zukunft an Adam und Dwight zu verpachten. Das Ehepaar gelobte, es habe nicht die Absicht, das Land zur Bebauung zu erschließen, wollte eine entsprechende Klausel im Kaufvertrag aber nur bei einer drastischen Preisminderung dulden. Ich gab klein bei. Mochte die Farm es drauf ankommen lassen, wie wir alle. Wir setzten den Termin für die notarielle Beurkundung auf einen Tag in der Woche nach Thanksgiving fest.

Ich hatte ein schlechtes Gewissen wegen des Verkaufs. Für meine Mutter war die Farm ein Stück des verlorenen

Gartens Eden gewesen, und sie hatte gewollt, dass ich, zu meinem eigenen Besten, dort lebte. Herzergreifend hatte sie mir immer wieder klarzumachen versucht, dass ich trotzdem am Rutgers lehren könne, ich müsse mir nur die Zeit anders einteilen, meine Unterrichtsstunden bündeln, sodass ich nicht mehr als drei Tage in der Wochenmitte dafür benötigte. »Und was ist mit meiner Frau?«, fragte ich.

»Sag Evelyn«, sagte sie, »dass ich mich, als Frau, nie richtig gesund gefühlt habe, wenn ich nicht hier sein konnte. Die Erde hat magische Kräfte, daran glaube ich fest. Zwei Tage fort von hier, und ich bekam die schlimmsten Krämpfe.«

»Meine Kinder, Mutter. Sie sind im Dunstkreis von New York aufgewachsen.«

Nancy war zu der Zeit noch nicht verheiratet, und Max hatte sein Studium in Dartmouth noch nicht hingeschmissen. »Das lässt sich reparieren, es ist noch nicht zu spät dafür«, sagte meine Mutter. »Als sie kleiner waren, sind sie immer gern hier gewesen.«

Ich seufzte, und wir ließen das Thema fallen, wir wussten beide, dass ich das Problem war. Ich war der, für den die Farm Giftsumach und Fingergras bedeutete und Buschwerk zu roden, das bis zum nächsten Sommer wieder nachgewachsen war, und seit vierzig Jahren überalterte Wasserleitungen und ein Rudel Asthma auslösender Katzen an der Hintertür. Ich rief Amy Stauffer wochenlang nicht an, und als ich es schließlich tat, klang sie vage. »Ich weiß, dass er hingefahren ist und sich einen Überblick über die Lage verschafft hat«, sagte sie.

»Aber hat er welche gefangen?«

»Er hat die Fallen gerade in seinem anderen Truck, hat er, glaube ich, gesagt. Aber egal, er hat sowieso keine Katzen gesehen.«

»Keine? Zu welcher Tageszeit war er denn da?«

»Zur Fütterungszeit, nehme ich an«, sagte sie mit einem hörbaren Lächeln in der Stimme. Ich sah deutlich vor mir, wie sie desinteressiert an ihrem aufgeräumten Schreibtisch in Emmetstown saß, mit den Wildenten an der Wand und der Tür, die nach hinten führte zu den Käfigen mit den Betonböden – ein dienstbarer Geist, den ich gerufen hatte, aber infolge einer kleinen Panne im zwischenstaatlichen Fernmeldewesen nicht so recht kontrollieren konnte.

»Ich würde gern vorbeikommen«, sagte ich, »aber ich sehe nicht, was das nützen soll.«

»Nein, David«, sagte sie traurig, wie zu einem ehemaligen Geliebten. »Das sehe ich auch nicht.«

Doch ich konnte den Gedanken an die Katzen nicht verdrängen; er ließ mir keine Ruhe, er quälte mich. Nachts wachte ich auf, und der Geist meiner Mutter flackerte im Zimmer, drüben, wo Evelyn ihren weißen Morgenmantel über die Lehne eines Stuhls gelegt hatte, und mir war, als müsste ich schreien, vor Scham und Hilflosigkeit. Die Babys mit den tränenden Augen, die sich vor Hunger kaum auf den Beinen halten konnten. Warum waren sie ins Leben gerufen worden? Meine Mutter, mutiger, als ich es je war, pflegte sie zu ertränken, sie drückte einen Eimer in einen anderen Eimer hinein, der halb mit Wasser gefüllt war und mit den leisen fiependen Schreien der Jungen. Ich hörte wieder das Summen meiner Mutter, eine Walzermelodie, im Takt mit dem rhythmischen dumpfen Krächzen der Kurbel des Dosenöffners, und zugleich mit dem Summen war das volle süßsaure Aroma der Küche wieder da, dieses Aroma, das sie mit ihrem Leben geschaffen hatte, all die Morgen, an denen sie allein aufgestanden war, Kaffee gekocht, Milch und Frühstücksflocken in ein Schüsselchen geschüttet und in feierlichem Ritual die Katzen gefüttert hatte, während die Stutzuhr ihren kehligen Gongschlag ertönen ließ. Aus Sparsamkeit hatte sie immer alle Seifenreste zusammengepresst, bis ein buntscheckiger Riegel entstand, der dann im Badezimmer in der Schale lag, wie ein Vorwurf gegen ihren einzigen, geizigen Sohn.

Eines Morgens, noch ehe ich ganz wach war, erbarmte Amy sich meiner und rief an. »Also, er hat gut zu tun«, informierte sie mich. »Er bringt jeden Abend zwei oder drei zu uns, seit fast zwei Wochen nun schon. Aber sie werden immer misstrauischer, sagt er, man muss also damit rechnen, dass er nicht mehr so viele fängt.«

»Trotzdem, das ist doch ein fantastischer Fortschritt. Ich bin *sehr* dankbar. So zügig, wie er vorgegangen ist, können ja nicht mehr allzu viele übrig sein.«

»Das ist richtig«, sagte sie, »und bei den Jungen braucht man sowieso nicht nachzuhelfen, die gehn ganz von selbst ein, besonders jetzt, wo wir die ersten Fröste haben.«

Dass ich auch dafür dankbar sei, wollte mir nicht so recht über die Lippen.

Zu Beginn der Jagdsaison rief Dwight an und sagte, er und Adam hätten JAGEN-VERBOTEN-Schilder auf meinem Land aufgestellt. Ob mir das etwas ausmache. Er wusste natürlich, dass es eine der Grillen meiner Mutter gewesen war, keine Verbotsschilder auf ihrem Land zu dulden, sehr zum Ärger ihrer Nachbarn. »Die wollen das Revier für sich allein«, hatte sie mir erklärt. »Vor allem wollen sie verhindern, dass Schwarze aus Philadelphia kommen und hier Land finden, auf dem sie jagen können. Als meine Beine mich noch getragen haben, bin ich einen Herbst losgezogen und habe Dwights Schilder persönlich heruntergerissen. ›Jagen verboten‹, außer für ihn – ich hab *rot* gesehn.«

»Nein«, sagte ich. »Es macht mir nichts aus.«

»Es freut mich, das zu hören, Dave«, sagte Dwights ferne Stimme. »Falls ich noch welche von euren Katzen sehe, dann hast du mein Wort, dass sie's todsicher nicht mehr weitererzählen. Wenn Jagdzeit ist, haben Katzen nichts zu lachen. Jäger sehn sie als Konkurrenz.«

Die letzten Tage, da ich eine Farm besaß, waren seltsam. Es war, als hätte ich ein Phantombein; ich konnte fühlen, wie es sich bewegte, aber ich konnte es nicht sehen. Die Papiere sollten am ersten Dezember unterzeichnet werden, und ich dachte, es könne nichts schaden, wenn ich einen Tag früher hinführe und noch einmal durch Haus und Scheune ginge und nachsähe, ob von unseren Jahren dort noch ein letzter Rest geblieben war, und übernachten wollte ich dann in einem Motel in Alton. Vielleicht gab es in letzter Minute noch einiges Strauchwerk auszulichten oder hässliches Gestrüpp zu beseitigen, deshalb hängte ich meinen Anzug im Auto an den Kleiderhaken und zog eine olivgraue Jacke mit Wollfutter an, die mein Vater aus einem Laden für Restbestände der Army hatte und immer an Wochenenden trug und die meine Mutter dann erbte und, weil sie ihr passte, im Winter überzog. Ich hatte es nicht übers Herz gebracht, sie der Auktionsfirma zu überlassen, zog sie nun also an und warf eine Astschere und Arbeitshandschuhe ins Auto.

Aber als ich mich schließlich von meiner Frau und meinen Studenten loseisen konnte und mich um die nördlichen Ausläufer von Philadelphia herum durch den Verkehr kämpfte, hatte ich nur noch wenige Stunden Tageslicht vor mir. Das Anwesen war still, als ich in die kleine Zufahrt einbog, still wie ein Bild. Nichts war mehr grün, nur die Kiefern und die beiden blankblättrigen Ilexe, der männliche und der weibliche. Der grasbewachsene Hang des Obstgartens neigte sich in ebenmäßigem Gelbbraun, gestreift mit Schatten. Das Gehölz dahinter stand hoch und silbrig, die Stängel aus Dunkelheit zwischen den Stämmen verdickten sich. Die Gegend heißt Firetown, und als Kind hatte ich geglaubt, sie heiße deshalb so, weil die untergehende Sonne jeden Abend die Wipfel der Bäume im Gehölz auflodern ließ.

Als ich die Autotür zuschlug, wurde der Knall von der Scheunenwand zurückgeworfen, ein Widerhall, den ich vergessen hatte. Ganz am Anfang, als wir gerade hierher gezogen waren und noch alles neu für mich war, hatte ich mich oft auf den Rasen gestellt und laut gerufen und über das Echo gestaunt, das wie die Stimme eines Bruders war, den ich nicht hatte.

Die Abwesenheit eines Besitzers zeigte sich in vielen Kleinigkeiten. Ich hatte einem Jungen Geld dafür gegeben, dass er regelmäßig den Rasen mähte, aber er war zu faul gewesen, die Kanten zu schneiden, sodass das Gras dort in zerzausten Fransen stand, und wo vom Schwarzen Walnussbaum die fleischigen Schalen herabgefallen waren, hatte der Junge überhaupt nicht gemäht. Ich hatte die Astschere bei mir, bezweifelte aber, dass ich viel ausrichten konnte – vielleicht nachsehen, ob von der empfindlichen Trauerkirsche Zweige abgebrochen waren, oder den einen oder anderen Himbeerschössling aus den Funkienrabatten schneiden, die meine Mutter angelegt hatte, als wir neu hier waren. Irgendetwas tun, um das Gewissen zu besänftigen und die Wunde zu lindern, die entsteht, wenn ein Stück deines Lebens weggenommen wird.

Als ich in meiner geerbten Jacke durch das hohe Gras strich, lösten sich aus dem Obstgarten ein paar Schatten und liefen in freudigen weichen Sprüngen zum Haus. Einige andere kamen vom Gehölz her angehuscht. Diese Katzen hatten überlebt. Sie hielten mich für meine Mutter und dachten, die guten Zeiten seien wieder da.

TAKASHI HIRAIDE

Der Gast im Garten

Die Katze hieß Chibi, »Kleine«. Wir hörten, wie der Junge mit seiner hohen Stimme nach ihr rief – »Chiiiibiiii!«, und auch das Trappeln seiner Füße und das leise Klingeln von Chibis Glöckchen.

Chibi war ein kleines Juwel. Ihr weißes Fell hatte, wie man es häufig bei japanischen Katzen sieht, runde rußschwarze und hellbraune Flecken, als hätte man sie mit Tusche besprenkelt. Sie war schmal und sehr klein.

Dieses Zierliche war ihre Besonderheit. Außerdem hatte sie sehr hübsche spitze Öhrchen, die ständig in Bewegung waren. Uns fiel auf, dass sie sich nie an unseren Beinen rieb, wie Katzen es eigentlich gern tun. Anfangs glaubte ich, es liege daran, dass ich nicht an den Umgang mit ihnen gewöhnt war, aber das war es wohl nicht. Ein Mädchen, das immer durch die Blitzgasse kam, ging manchmal vor ihr in die Hocke, um sie anzuschauen. Chibi ließ es geschehen, ohne die Flucht zu ergreifen, doch sobald die Kleine sie berühren wollte, schoss sie davon wie ein kalter, fahler Blitz.

Chibi miaute so gut wie nie. Bei ihrem ersten Auftauchen in der Gasse hatte sie leise gemaunzt, aber danach nie mehr. Wir mussten uns wohl damit abfinden, dass sie uns ihre Stimme nicht hören lassen würde.

Sie war eigentümlich sprunghaft, und das nicht nur als

ganz junge Katze. Vielleicht reagierte sie so lebhaft auf Insekten und Reptilien, weil sie immer allein in dem großen Garten spielte. Ansonsten konnte ich mir nur vorstellen, dass sie auf unsichtbare Veränderungen des Lichts und des Windes reagierte. Zwar haben die meisten Katzen eine Neigung zum Unsteten, doch Chibis Bewegungen erschienen besonders abrupt und blitzartig.

»Sie macht der Blitzgasse alle Ehre«, sagte meine Frau bewundernd, sooft Chibi vorbeisauste.

Der Nachbarsjunge brachte der kleinen Katze bei, mit einem Ball zu spielen, und sie erwies sich bald als wahre Meisterin. Der Gummiball hatte genau die richtige Größe für ihre Pfote. Sein fröhliches Aufprallen schallte so einladend durch die Gasse, dass ich selbst Lust bekam, in unserem kleinen Garten mit Chibi zu spielen. Nach einigem Zögern holte ich eines Tages einen Tischtennisball aus einer Schublade hervor.

Ich ließ den Ball auf dem Beton unter der offenen Veranda springen. Chibi kauerte sich auf den Boden und verfolgte ihn mit den Augen. Sie machte sich ganz flach, wich auf allen vieren leicht nach hinten und zog sich zusammen, wie eine gespannte Feder. Dann katapultierte sie sich in die Höhe, um sich kühn auf den kleinen weißen Ball zu stürzen. Sie schlug ihn mit den Vorderpfoten durch die Luft und schoss dann zwischen meinen Beinen hindurch davon.

Bei Manövern wie diesem zeigte sich ihr sprunghafter Charakter. Sie ließ den Tischtennisball liegen und wandte sich im Nu etwas anderem zu. Im nächsten Moment schon hatte sie ihre kleine Pfote auf dem Kopf einer im Schatten eines Felsens verborgenen Kröte, nur um im übernächsten ans andere Ende des Gartens zu huschen und sich im Gras zu wälzen, sodass man ihren weißen Bauch sah. Gleich darauf sprang sie, ohne mich, ihren Spielgefährten, eines Blickes zu würdigen, nach dem Ärmel eines Unterhemds, das auf der Wäschestange hing, und flitzte anschließend durch das Gatter in den Garten vom Haupthaus.

Zwar hatte mir einer der Katzenliebhaber, mit denen ich befreundet war, erzählt, dass nur ganz junge Katzen gern Ball spielten, doch es war eindeutig, dass eine gewisse erwachsene Katze diesem Spiel auch nicht abgeneigt war.

Chibi hatte eine weitere Besonderheit. Sie war, um es mit dem Wort der alten Dame auszudrücken, eine »Schönheit«. Da es sich immerhin um das Urteil einer Person handelte, die jahrelange Erfahrung mit dem Verscheuchen von Katzen besaß, konnte es wohl als objektiv gelten.

Nach Meinung einer mir bekannten Fotografin hielten alle Katzenfreunde ihre eigene Katze für die hübscheste und seien blind für die Vorzüge aller anderen. Sie selbst sei ebenfalls eine Katzennärrin, werde aber wegen ihrer Einstellung von anderen Katzenfreunden gemieden und mache nur noch Aufnahmen von Streunern.

Chibi spielte also gern Ball. Und so kam sie mit der Zeit von sich aus zu uns, um uns dazu zu bewegen. Auf sachten Pfoten betrat sie das Haus und versuchte uns mit sehnsüchtigen Blicken in den Garten zu locken, bis wir reagierten. Meist war es meine Frau, die hocherfreut alles stehen und liegen ließ und in ihre Sandalen schlüpfte.

Wenn Chibi sich müde gespielt hatte, kam sie ins Haus, um sich auszuruhen. Das erste Mal, als sie zusammengerollt auf dem Sofa einschlief, hielt eine tiefe Freude Einzug, als habe das Haus selbst sich diese Szene erträumt.

Wir überließen es Chibi, uns zu besuchen, damit die alte Dame nicht aufmerksam wurde. Und mit der Zeit verstand ich die Katzenliebhaber immer besser. Ganz offensichtlich gab es keine Katze auf der Welt, die hübscher war als Chibi. Auch nicht im Fernsehen oder auf Kalenderbildern. Doch auch wenn ich sie nun für die schönste aller Katzen hielt, gehörte sie ja nicht uns.

Da sie sich immer durch das Klingeln ihres Glöckchens ankündigte, nannten wir sie bald »Glöckchen«. Immer öfter stahl sich dieser Kosename auf unsere Lippen.

»Glöckchen, wo bist du?«, rief meine Frau, und sogleich ertönte das vertraute Glöckchen. Chibi verließ das Nachbarhaus zwei Ecken weiter an der Blitzgasse, schlüpfte durch ein Loch im Maschendraht zwischen den Grundstücken, lief an unserem Haus entlang zur Veranda, sprang auf den offenen Teil, stellte ihre Vorderpfoten auf den kniehohen Fensterrahmen und spähte mit gerecktem Hals ins Haus.

Es wurde Winter. Und durch den Spalt des leicht geöffneten Fensters zog Chibi fast unmerklich in unser Leben ein. Wie eine kleine Strömung wiederkehrt, Einfluss nimmt und so den Lauf des Schicksals bestimmt.

*

Ich erinnere mich noch gut an die Ankunft der kleinen Chibi und an den Tag, an dem sie sich zum ersten Mal in unser Haus wagte. Es war im Spätherbst 1988. Der Zustand des Kaisers Hirohito hatte sich, nachdem er im September Blut erbrochen hatte, rapide verschlechtert, und alle herbstlichen Festivitäten im ganzen Land waren abgesagt. »Freiwilliger Verzicht« lautete die offizielle Devise.

Auf unserem winzigen Gartenstück gab es einen kleinen Raum mit zementiertem Boden für eine Waschmaschine. Eines schönen Nachmittags schlüpfte Chibi durch einen Spalt in der Tür dort hinein. Vier weiche weiße Pfötchen tapsten über den Holzrost, und Chibi schaute sich ruhig, mit wohlbemessener Neugier in dem bescheidenen Raum um.

Die alte Dame war ständig bemüht, die dreifarbige Katze ihrer südlichen Nachbarn zu verscheuchen. Außerdem hatte noch eine ältere Streunerin mit schwarz und bräunlich oder eher schlammfarben geflecktem Fell die umliegenden Gärten zu ihrem Revier erkoren. Wir hatten gehört, dass »Schlammi« – wie meine Frau sie liebevoll nannte – sich manchmal in die Häuser schlich, wenn die Bewohner ausgegangen waren, aber eine Schiebetür oder ein Fenster offen gelassen hatten.

Laut Mietvertrag waren uns, wie gesagt, weder Kinder noch Haustiere erlaubt. Eines Tages jedoch entschuldigte sich die alte Dame bei meiner Frau für diesen Passus. Es war dem alten Ehepaar wohl vor allem darum gegangen, Ruhe zu haben.

Mit ihrem ruhigen Leben war es allerdings vorbei, als der alte Herr so hinfällig wurde, dass er in einem Zimmer im westlichen Trakt des Hauses das Bett hüten musste, und alle Arbeiten, die auf dem Anwesen anfielen, auf seiner Frau lasteten. Sie schien es aufgegeben zu haben, die Katzen zu vertreiben. Und wie diese Tiere nun einmal sind, tummelten sie sich jetzt überall in dem großen Garten, saßen auf der Mauer am Weg und gaben sich nach Lust und Laune ihren Erkundungen und kapriziösen Abenteuern hin.

Nachdem Chibi einmal Gefallen an unserem kleinen Haus gefunden hatte, schlüpfte sie hinein, sobald wir die Tür auch nur einen Spalt offen ließen. Sie strich jedoch immer ganz behutsam durchs Haus, ohne je Schaden anzurichten. Ab und zu sah ihr geschmeidiger, weiß-bunt gefleckter Leib zwischen irgendwelchen Gegenständen hervor.

Sie gab kaum einen Ton von sich. Auf den Arm nehmen ließ sie sich auch nicht. Versuchte ich es, maunzte sie kaum hörbar, schnappte nach mir und entwand sich meinen Händen.

Meine Frau schimpfte mich wegen dieses Gerangels aus und lachte über meine Bisswunden.

»Ich mache das doch auch nicht. Lass Chibi in Ruhe«, sagte sie.

So kam und ging Chibi ungestört und rollte sich bald, wann und wo es ihr beliebte, zu einem Schläfchen zusammen.

Von Ende 1988 bis zum Beginn des nächsten Jahres hatte ich zwei Bücher zu schreiben und verbrachte die Feiertage am Schreibtisch. Nur in der Neujahrsnacht aßen wir, nachdem wir in einem alten Tempel in der Nähe einmal die Glocke geschlagen und dem in entgegengesetzter Richtung gelegenen Shintō-Schrein einen kurzen Besuch abgestattet hatten, in einem die ganze Nacht geöffneten Soba-Lokal die traditionellen Buchweizennudeln. Wegen meiner drängenden Abgabe arbeitete ich bis zum Morgengrauen, und es herrschte eine angespannte Atmosphäre im Haus. Als die Müdigkeit mich zu übermannen drohte, erschien ein kleines mattweißes Wesen, das, nach einem Sprung auf die Veranda, beide Vorderpfoten auf das Fensterbrett gestellt, durch das große Südfenster, unter dem unsere Schreibtische standen, ins Zimmer spähte.

Als ich das Fenster öffnete und mit der winterlichen Dämmerung meinen Besucher ins Haus ließ, erwachte es zu neuem Leben.

Chibi war die erste offizielle Besucherin an diesem Neujahrsmorgen. Die Leute, die am Neujahrsmorgen von Haus zu Haus gehen, um gute Wünsche zu überbringen, werden manchmal Pilger genannt. Unsere kleine Pilgerin sprach zwar kein Gebet, als sie an unser Fenster kam, aber sie schien mit der traditionellen Begrüßung vertraut und stellte ihre Pfoten artig nebeneinander.

So begann das neue Jahr. Am 7. Januar verbreitete sich wie ein Lauffeuer die Nachricht vom Tod des Kaisers. Inzwischen hatte ich es irgendwie geschafft, meine Bücher zu schreiben. Beide handelten von Baseball.

PETRA HARTLIEB

Das Lächeln der Siegerin

Sie sah ihn manchmal in der Kantine, seltener im Aufzug, und einmal frühmorgens trafen sie sich beim Fahrradständer vor dem Bürohaus. Susanne kannte seinen Namen nicht, sie wusste nur, dass er in der IT-Abteilung des Umweltbundesamtes arbeitete, und die war irgendwo im dritten Stock. Seit fünf Jahren war sie hier beschäftigt, und das erste Mal hatte sie ihn vor ein paar Monaten gesehen. Damals stand er in der Kantine vor ihr, hatte einen Salat und ein stilles Wasser auf dem Tablett, und als sie ihre Portion in Richtung Kassa schob, schubste sie seines an und das Wasser ergoss sich über die Salatschüssel.

»Entschuldigung. Es tut mir schrecklich leid. Ich kauf Ihnen einen neuen.«

»Kein Problem, der Salat ist sowieso immer zu sauer.«

Er lächelte sie zerstreut an und setzte sich zu seinen Arbeitskollegen, weit entfernt von Susannes Stammplatz.

Seit damals grüßten sie sich, wenn sie sich zufällig über den Weg liefen, leider war das in dem riesigen Gebäude nicht allzu oft der Fall. Susanne war seit drei Jahren Single, und der Salatesser aus der IT-Abteilung hatte es ihr richtig angetan. Doch für mehr als ein gehauchtes »Guten Morgen« reichte ihr Mut nicht.

Am vierzehnten Dezember öffnete Susanne die Datenbank, an der sie gerade arbeitete, und statt einer sauberen Zahlenkolonne ihrer Excel-Liste blinkten ihr bizarre Zeichen entgegen. Viele Herzchen waren dabei, skandinavische Sonderzeichen, Klammern in allen Formen. Ihre Kolleginnen und der Abteilungsleiter standen ratlos davor, und schließlich wählte Susanne die interne Rufnummer für Computer-Probleme.

Fünf Minuten später stand er vor ihr. Blickte auf ihren Bildschirm, dann erst in ihr Gesicht und als er sie wiedererkannte, lächelte er. »Hallo. Wir kennen uns doch.«

»Ja. Ich habe Ihren Salat verdünnt.«

»Stimmt. War gar nicht schlecht. Wie gesagt, er ist ohnehin immer zu sauer.«

Er brauchte ungefähr eine halbe Stunde, um ihre Liste zu retten, ein Virus hatte sich eingeschlichen, und als er ihr zum Abschied seine Karte auf den Tisch legte, wusste sie endlich seinen Namen. Christian Santner. Durchwahl 245.

Die Weihnachtsfeier zwei Tage später hatte Susanne schon seit einer Woche im Magen gelegen. Sie war nicht geschaffen für solche Veranstaltungen, zu schüchtern, zu ungelenk, Alkohol vertrug sie schlecht, und die einst mühsam erlernten Tanzschritte hatte sie längst vergessen. Sie saß am Tisch mit ihren Abteilungskolleginnen, Monika und Evelyn, beide nicht unbedingt das, was man Stimmungskanonen nennen würde. Entgegen ihren Vorsätzen trank sie ein paar Gläser Prosecco, und als sie sich schließlich beim Buffet anstellte, spürte sie deutlich, wie ihr der Alkohol zu Kopf gestiegen war. Sie nahm sich rasch ein paar herzhafte Dinge, Hühnerschenkel, Koteletts, Kartoffelsalat und ein paar Würstchen und balancierte den Teller zurück zu ihrem

Tisch. Da stand er vor ihr. Christian Santner, mit einem Teller Salat in der Hand und einem schiefen Grinsen im Gesicht.

»Ich bräuchte mal wieder Ihre Hilfe. Der Salat ist ungenießbar.«

»Ich kann heute nur mit Prosecco dienen, aber vielleicht wär der ja gar nicht schlecht.«

Susanne merkte, wie sich ihre Wangen röteten. Sie bemühte sich dennoch, ihm ins Gesicht zu schauen, und hielt den Teller mit den Fleischbergen etwas verborgen. Doch zu spät, er hatte es längst bemerkt.

»Na, wenn Sie Ihre Schlachtplatte hier vertilgt haben, könnten wir ja eine Runde tanzen, was meinen Sie?«

»Ja, mal sehen. Ich wollte nicht mehr lange bleiben.«

Susanne hörte sich den Satz sagen und verfluchte sich innerlich. Warum musste sie immer so abweisend und unspontan sein, konnte sie nicht einmal charmant oder schlagfertig antworten?!

An ihrem Tisch hatten Monika und Evelyn ihren kurzen Wortwechsel mit Christian Santner natürlich mitbekommen.

»Wow. Du hast ja eine Eroberung gemacht! Der Santner, der gilt als einzig interessanter Single im ganzen Umweltbundesamt!«

»Ja und? Wir haben uns nur kurz unterhalten. Kein Grund zu gackern.«

Susanne war der Appetit inzwischen vergangen, sie knabberte lustlos an einer Hühnerkeule und hatte nichts dagegen, dass Evelyn sich über die Würstchen und den Kartoffelsalat hermachte.

Als er schließlich eine Viertelstunde später vor ihrem Tisch stand, sprangen die beiden Kolleginnen auf. »Ich hol mir noch Nachtisch«, verkündete Monika, und Evelyn kicherte: »Und ich muss mal für kleine Mädchen.« Christian Santner zog sich einen Stuhl näher zu Susanne, blickte ihr in die Augen und reichte ihr förmlich die Hand.

»Ich bin übrigens Christian.«

»Susanne. Freut mich.«

»Mich auch, und Susanne weiß ich schon. Schließlich stehst du ja im internen Telefonverzeichnis.«

Susannes Herz machte einen kleinen Sprung. Er hatte ihren Namen nachgeschlagen! Monika und Evelyn waren diskret genug, sich anderen Kollegen zu widmen, und Susanne und Christian sprachen das gesamte Amt durch, Susanne berichtete von ihren beiden großen Projekten, an denen sie arbeitete, und Christian hörte aufmerksam zu. Er mache nur Computerkram, das sei nicht so interessant, meinte er, und irgendwann nahm er sie einfach an der Hand und zog sie in Richtung Tanzfläche. Die war inzwischen gut gefüllt, ein Kollege der Abteilung *Biologische Vielfalt & Naturschutz* sorgte für breitenwirksame Tanzmusik, und Susanne war erstaunt, als Christian sie auf klassische Art in den Arm nahm und sie behutsam in seinen Rhythmus lenkte. Jahre war es her, seit Susanne auf diese Weise getanzt hatte, doch nach wenigen Minuten fanden ihre Beine die Schrittfolgen wie von selbst.

Und auch alles andere passierte scheinbar irgendwie ohne Susannes Zutun. Als sie weit nach Mitternacht das Bürogebäude verließen, schneite es in dicken Flocken, und man konnte nicht einmal den Donaukanal erkennen. Hand in Hand liefen sie die Lände entlang, und als Christian in eine kleine Gasse einbiegen wollte, blieb Susanne stehen, steckte die Hände tief in die Manteltaschen.

»Ich sollte hier auf ein Taxi warten.«

»Und dir dabei eine Erkältung holen. Ich wohne gleich ums Eck, bei mir ist es schön warm.«

Er sah sie dabei so treuherzig an, dass Susanne ihren Vorsatz, dem sie seit vielen Jahren treu war, rasch über Bord warf: »Niemals beim ersten Mal mit nach Hause gehen.« Sie kannten sich schließlich schon länger, waren ja auch Arbeitskollegen, was war schon dabei?

Fünf Minuten später schloss er eine Haustür auf, und als sie sich im grellen Licht eines Aufzuges gegenüberstanden, war Susanne schlagartig nüchtern. Sie wendete sich vom Spiegel ab und vergrub ihre Nase in seinem feuchten Wintermantel. Er nahm behutsam ihr Gesicht in seine Hände und küsste sie sanft. Das »Pling« des Lifts ließ sie zusammenzucken, und auch im Treppenhaus küssten sie sich weiter. Christian schloss im Dunkeln die Wohnungstür auf und schob Susanne in einen kleinen, dämmrigen Flur.

Wie genau sie ins Schlafzimmer gekommen waren, konnte Susanne im Nachhinein nicht mehr genau rekonstruieren, sie erinnerte sich nur an das ungemachte Bett mit den leicht muffigen Bezügen, in dem sie plötzlich lag, ihr Traum aus der Kantine neben ihr. Endlose Küsse, zarte Umarmungen, vorsichtiges Tasten, die Winterjacken waren irgendwo am Weg verloren gegangen, jetzt mussten sie nur noch den Rest der Kleidung loswerden.

Sie bemerkte es, als er ihr den Pullover über den Kopf zog. Irgendwas stimmte plötzlich nicht mit ihren Augen. Wenn sie sie schloss, war es, als hätte jemand Sandpapier zwischen Augäpfel und Lid gespannt, wenn sie sie öffnete, juckte es so, dass sie sich am liebsten mit beiden Händen in die Augen gefahren wäre. Susanne versuchte das lästige Gefühl zu ignorieren, zumal Christian gerade dabei war, ihren BH aufzuhaken. Er stellte sich erstaunlich geschickt an, und als er ihre Brüste mit beiden Händen umfasste, durchfuhr Susanne ein wohliger Schauer. Lange war es her, seit sie das letzte Mal Sex gehabt hatte, an den letzten wirklich guten konnte sie sich kaum mehr erinnern. Das fühlte sich ja vielversprechend an. Christian bedeckte sie mit kleinen Küssen, schälte sich aus seinen schwarzen Jeans und legte ihr fragend die Hand zwischen die Beine. Susanne antwortete mit einem kräftigen Niesen. »Tschuldigung«, murmelte sie und half ihm, ihren Rock und die Strumpfhose abzustreifen. Da lag sie nun, nackt und voller Erwartung, doch irgendwie hatte sie das Gefühl, ihre Schleimhäute funktionierten nur in Augen und Nase. »Ich muss mal ins Bad. Wo ist das denn?«

»Gleich die Tür da drüben. Alles klar mit dir?«

»Ja, ja. Ich bin gleich wieder da.« Christian zündete eine Kerze neben dem Bett an, und Susanne öffnete die Tür zu einem kleinen Badezimmer. Sie fand keinen Lichtschalter, doch was sie im Schein der Straßenlaterne im Spiegel erkennen konnte, reichte ihr auch so: Ihre Augen waren rot wie nach fünf Stunden Schwimmen in stark gechlortem Wasser, und aus ihrer Nase floss ein kleines Rinnsal durchsichtiger Konsistenz. Sie wusch sich das Gesicht, putzte sich die Nase mit Klopapier. Susanne verwarf den Gedanken an Psychosomatik und kehrte in Christians Arme zurück. Der war deutlich zurückhaltender, und so versuchte sie die Stimmung wieder etwas anzuheizen, setzte sich rittlings auf ihn und massierte seine mageren Schultern, bedeckte seine Brust mit Küssen, wanderte mit der Zunge Richtung Bauchnabel und ... beendete die Reise mit mehreren Niesern. »Ich glaub, ich hab mich erkältet«, meinte sie kleinlaut, und Christian zog fürsorglich die nicht mehr ganz frische Bettdecke über sie. »Du Arme. Brauchst du was? Tee? Aspirin?«

Was ich brauche, ist guter Sex, wollte Susanne rufen, doch aus ihrem Mund kam nur ein klägliches Krächzen, das rasch in einen trockenen Hustenanfall überging.

Christian nahm sie in den Arm und wie mit einem Schlag war jegliches Begehren aus dem Raum verschwunden. Susanne versuchte sich auf ihren Atem zu konzentrieren, Christian war wohl aus Höflichkeit damit beschäftigt, nicht zu schnell einzuschlafen, doch nach wenigen Minuten hörte Susanne ein gleichmäßiges Atmen an ihrer Seite. Sie schälte sich vorsichtig aus seiner Umarmung und holte sich eine Rolle Klopapier. Das Jucken ihrer Augen hatte inzwischen ein wenig nachgelassen – oder sie hatte sich einfach daran gewöhnt –, viel mehr Sorgen bereiteten ihr die Kurzatmigkeit und der trockene Reizhusten, der sie alle paar Minuten überfiel. Sie legte sich auf den Rücken und versuchte flach zu atmen, eigentlich wollte sie nur nach Hause, in ihre Wohnung, in ihr Bett. Doch wenn sie jetzt ginge, wie sollte sie dann Christian Santner in Zukunft gegenübertreten? Doch egal, ob sie bliebe oder verschwände, sie fühlte sich als klägliche Versagerin, ihr Körper hatte ihr einen üblen Streich gespielt, wahrscheinlich wäre es das Beste, sie würde dem Sex entsagen und ihre Energie in eine Psychoanalyse investieren.

Irgendwann schlief Susanne doch ein, und als sie die verschwollenen Augen wieder öffnete, fiel fahles Dämmerlicht durch die schmutzigen Scheiben. Christian lag neben ihr, eine Hand quer über ihren Bauch, die Lippen leicht geöffnet, die hohe Stirn in Falten gelegt. Ein seltsames Geräusch drang aus seinem Mund. Es war kein Schnarchen, es hörte sich eher an wie ein sehr gleichmäßiger Rasenmäher. Im Morgengrauen? Im Dezember? Mitten in Wien? Susanne schob Christians Arm von sich und setzte sich auf. Die Geräuschquelle befand sich keine zwei Meter von ihr entfernt, auf einer Kommode neben dem Bett: eine riesige, getigerte Katze, die Vorderpfoten verschränkt. Sie fixierte Susanne aus halb geöffneten Augen. Wie auf Kommando begann Susanne zu niesen, ihre Atemnot wurde fast unerträglich, und sie wollte nur noch eines: raus hier. Sie suchte ihre Kleidungsstücke, versuchte dabei so wenig Lärm wie möglich zu machen. Als sie den Pullover vom Boden hob, stiebte ihr eine Wolke Katzenhaare entgegen, und Susanne versuchte erst gar nicht mehr, die Tränen und den Rotz aus ihrem Gesicht zu wischen. Die Katze starrte sie dabei unentwegt an, und als Susanne an der Tür einen letzten Blick zurück ins Schlafzimmer warf, sprang das Tier von der Kommode ins Bett und legte sich mitten auf das Kopfkissen, auf dem Susanne ihre durchwachte Nacht verbracht hatte. Sie schien zu lächeln.

SIR ARTHUR CONAN DOYLE

Die brasilianische Katze

Es ist schlecht für einen jungen Mann, wenn er kostspielige Neigungen hat, große Erwartungen, aristokratische Verbindungen, jedoch kein Geld in der Tasche und keinen Beruf, in dem er etwas verdienen könnte. Die Sache war die: Mein Vater, ein guter, zuversichtlicher, umgänglicher Mann, hatte solches Vertrauen in den Reichtum und die Mildtätigkeit seines unverheirateten älteren Bruders, Lord Southerton, daß er es für ausgemacht hielt, daß ich, sein einziger Sohn, mir nie meinen Lebensunterhalt würde verdienen müssen. Gab es keine Vakanz auf den großen Southerton-Gütern, so würde sich, seiner Meinung nach, zumindest irgendein Posten im diplomatischen Dienst für mich finden, der noch immer die Domäne für unsere privilegierten Klassen darstellte. Er starb zu früh, um zu erkennen, wie falsch seine Überlegungen gewesen waren. Weder mein Onkel noch der Staat nahmen die geringste Notiz von mir oder zeigten irgendwelches Interesse an meiner Karriere.

Einige Fasanen oder ein paar Hasen, das war alles, was mir gelegentlich zeigte, daß ich Erbe von Otwell House und einem der reichsten Güter im Lande war. Unterdessen führte ich ein städtisches Junggesellenleben und bewohnte eine Appartement-Suite in Grosvenor Mansions – ohne

Beschäftigung außer Taubenschießen und Polospielen in Hurlingham. Jeden Monat merkte ich deutlicher, daß es immer schwieriger wurde, Zahlungsaufschub zu erlangen oder weitere Postobits auf einen Besitz zu kassieren, der mir überhaupt nicht als Erblehen übertragen war. Der Ruin stand unmittelbar bevor, und jeden Tag sah ich ihn klarer, näher und unabwendbarer.

Was mir meine Armut noch fühlbarer machte, war die Tatsache, daß – vom großen Reichtum Lord Southertons abgesehen – alle meine Verwandten recht bemittelt waren. Der mir nächste war Everard King, ein Neffe meines Vaters und somit mein Vetter ersten Grades, der in Brasilien ein abenteuerliches Leben geführt hatte und jetzt zurückgekehrt war, um sich auf seinem Vermögen auszuruhen. Wir haben nie erfahren, wie er zu seinem Gelde gekommen ist, doch schien er's reichlich zu haben, denn er kaufte die Besitzung Greylands nahe Clipton-on-the-Marsh in Suffolk. Im ersten Jahr seines Aufenthalts in England nahm er ebensowenig Notiz von mir wie mein geiziger Onkel, doch an einem Sommermorgen endlich erhielt ich – zu meiner größten Erleichterung und Freude – einen Brief, in dem ich gebeten wurde, am gleichen Tag zu kommen und Greylands Court einen kurzen Besuch abzustatten. Zu dieser Zeit erwartete ich einen ziemlich langen Besuch im Bankrott Court, meiner Schulden wegen, und so kam diese Einladung fast wie von der Vorsehung geschickt. Kam ich mit diesem unbekannten Verwandten zu einer Einigung, mochte ich vielleicht noch einmal davonkommen. Der Familie wegen konnte er mich nicht gänzlich vor die Hunde gehen lassen. Ich wies meinen Diener an, den Koffer zu packen, und am gleichen Abend setzte ich mich nach Clipton-on-the-Marsh in Bewegung.

Nachdem ich in Ipswich umgestiegen war, brachte mich eine kleine Bummelbahn zu einem winzigen, verlassenen Bahnhof; er lag in hügeligem Weideland, durch dessen Niederungen sich ein träger Fluß wand; seine hohen verschlammten Uferböschungen zeigten an, daß wir in Reichweite der Gezeiten waren. Kein Wagen erwartete mich (wie ich später erfuhr, war mein Telegramm nicht rechtzeitig angekommen), also mietete ich im Gasthaus einen Dogcart. Der Fahrer, ein famoser Bursche, war voll des Lobes über meinen Verwandten, und von ihm erfuhr ich, daß der Name Everard King in diesem Teil des Landes bereits einer Zauberformel glich. Er bewirtete die Schulkinder, machte sein Anwesen Besuchern zugänglich, gab Geld für gute Zwecke – kurz: Seine Mildtätigkeit war derart umfassend, daß mein Fahrer sie nur damit erklären konnte, daß mein Cousin parlamentarische Ambitionen haben müsse.

Von der Lobrede meines Fahrers lenkte mich ein sehr schöner Vogel ab, der auf einem Telegraphenmast am Straßenrande hockte. Zuerst hielt ich ihn für einen Eichelhäher, aber er war größer und hatte ein bunteres Gefieder. Der Fahrer erklärte sogleich seine Anwesenheit; er sagte, er gehöre dem Manne, zu dem wir unterwegs seien. Es schien, als sei die Akklimatisierung fremder Tiere eines seiner Hobbys; er hatte wohl aus Brasilien eine Anzahl von Vögeln und anderen Tieren mitgebracht, die er in England heimisch machen wollte. Als wir das Tor von Greylands Park durchfahren hatten, sahen wir zahlreiche Beweise seiner Liebhaberei. Eine Art kleinen, gefleckten Rehes, ein seltsames Wildschwein (Peccary genannt, glaube ich), eine prachtvoll gefiederte Goldamsel, ein Armadillo-ähnliches Wesen und ein seltsames, einwärts laufendes Geschöpf wie ein sehr fetter Dachs – das waren einige der Tiere, die ich bemerkte, während wir den gewundenen Pfad hinauffuhren.

Mr. Everard King, mein unbekannter Cousin, stand in voller Lebensgröße auf den Stufen seines Hauses, da er uns von fern gesehen hatte und vermutete, daß ich es sei. Seine Erscheinung war sehr schlicht und wohlwollend, klein und gedrungen; fünfundvierzig Jahre alt mochte er sein, mit einem runden und gutmütigen Gesicht, braungebrannt von der tropischen Sonne und von tausend Fältchen durchzogen. Er trug einen weißen Leinenanzug im echten Pflanzerstil und hatte eine Zigarre zwischen den Lippen und einen großen Panamahut auf dem Hinterkopf. Er war ein Mann, wie man ihn sich auf der Veranda eines Bungalows in den Tropen vorstellt, und vor diesem breiten englischen Steinhaus mit seinen soliden Seitenflügeln und Palladio-Säulen vor dem Eingang wirkte er merkwürdig deplaziert.

»Meine Liebe!« rief er mit einem Blick über die Schulter, »meine Liebe, unser Gast ist da! – Willkommen, willkommen auf Greylands! Ich bin entzückt, deine Bekanntschaft zu machen, Vetter Marshall, und ich fasse es als großes Kompliment auf, daß du dieses verschlafene kleine Landhaus mit deiner Anwesenheit beehrst.«

Seine Begrüßung hätte nicht herzlicher sein können, und ich fühlte mich sogleich wohl. Aber es bedurfte seiner ganzen Herzlichkeit, um die Kälte, ja Unhöflichkeit seiner

Frau wettzumachen, einer großen, hageren Person, die auf seinen Wunsch hin herauskam. Sie war, glaube ich, brasilianischer Herkunft, obgleich sie ausgezeichnet englisch sprach, und ich entschuldigte ihr Benehmen mit ihrer Unkenntnis unsrer Sitten. Sie versuchte indessen nicht zu verhehlen, weder jetzt noch später, daß ich kein sehr willkommener Besucher in Greylands Court war. Was sie sagte, klang in der Regel höflich, aber sie besaß ein Paar ungewöhnlich ausdrucksvoller schwarzer Augen, und in denen las ich von Anfang an recht deutlich, daß sie mich aus ganzem Herzen wieder nach London wünschte.

Meine Schulden hingegen waren zu drückend und meine Pläne bezüglich meines Verwandten zu lebenswichtig, als daß ich's mir hätte erlauben können, sie von der schlechten Laune seiner Frau durchkreuzen zu lassen, also übersah ich ihre Kälte und erwiderte die warme Herzlichkeit seines Empfangs. Er hatte keine Mühe gescheut, mir meinen Aufenthalt angenehm zu gestalten. Mein Zimmer war bezaubernd. Er bat mich eindringlich, ihn wissen zu lassen, womit er mein Glück vervollständigen könne. Nun, es lag mir auf der Zunge, ihm zu sagen, daß ein Blankoscheck für diesen Zweck am besten geeignet sei, doch schien's mir im augenblicklichen Stadium unserer Bekanntschaft ein wenig voreilig. Das Dinner war ausgezeichnet, und als wir hinterher seine Havanas rauchten und seinen Kaffee tranken, der, wie er mir erzählte, auf seiner eigenen Pflanzung besonders behandelt wurde, da wollte mir scheinen, daß alle Lobgesänge meines Fahrers gerechtfertigt waren und daß ich noch nie einen so weitherzigen und gastfreien Mann kennengelernt hatte.

Trotz seiner fröhlichen Gutmütigkeit aber war er ein Mann von starkem Willen und hitzigem Naturell. Hiervon bekam ich am folgenden Morgen ein Beispiel. Die sonderbare Abneigung, die Mrs. Everard King mir gegenüber entwickelt hatte, war so stark, daß ihr Benehmen beim Frühstück beinahe beleidigend wirkte. Unmißverständlich jedoch wurde ihre Absicht, als ihr Gatte das Zimmer verlassen hatte. »Der beste Zug am Tage ist der um zwölf Uhr fünfzehn«, sagte sie.

»Aber ich wollte heute ja noch gar nicht abreisen«, antwortete ich offen – vielleicht sogar trotzig, denn ich war entschlossen, mich von dieser Frau nicht hinausdrängen zu lassen.

»Oh, wenn's an Ihnen liegt –« sagte sie und hielt inne, wobei in ihren Augen ein unverschämter Ausdruck lag.

»Ich glaube bestimmt«, erwiderte ich, »daß Mr. Everard King es mir sagen würde, wenn meine Anwesenheit nicht mehr erwünscht wäre.«

»Was heißt das? Was heißt das?« sagte eine Stimme, und schon war er im Zimmer. Er hatte meine letzten Worte mitangehört, und ein Blick auf unsere Gesichter sagte ihm den Rest. Augenblicklich zeigte sein pausbäckiges, fröhliches Gesicht einen Ausdruck größter Wildheit.

»Würdest du so freundlich sein, eine Minute hinauszugehen, Marshall?« sagte er. (Ich darf vielleicht erwähnen, daß ich Marshall King heiße.)

Er schloß die Tür hinter mir, und dann hörte ich ganz kurz, wie er eindringlich auf seine Frau einredete. Dieser grobe Bruch der Gastfreundschaft hatte ihn offensichtlich an der empfindlichsten Stelle getroffen. Ich bin kein Lauscher an der Wand, also ging ich auf den Rasen hinaus. Alsbald hörte ich eilige Schritte, und da kam die Dame des Hauses; ihr Gesicht war bleich vor Erregung, und ihre Augen waren rot von Tränen.

»Mein Mann hat mich aufgefordert, Sie um Verzeihung zu bitten, Mr. Marshall King«, sagte sie, als sie mit niedergeschlagenen Augen vor mir stand.

»Bitte, kein Wort weiter, Mrs. King.«

Plötzlich blitzten mich ihre dunklen Augen an.

»Sie Narr!« zischte sie mit leidenschaftlicher Heftigkeit, machte kehrt und eilte ins Haus.

Diese Beleidigung war derart unerhört, derart unverzeihlich, daß ich nur dastehen und ihr verwirrt nachstarren konnte. So stand ich noch, als mein Gastgeber sich mir beigesellte. Er war wieder sein fröhliches, pausbäckiges Selbst.

»Ich hoffe, daß sich meine Frau für ihre albernen Bemerkungen entschuldigt hat«, sagte er.

»Aber ja – ja, gewiß!«

Er schob seine Hand unter meinen Arm und ging mit mir auf dem Rasen hin und her.

»Du darfst's nicht ernst nehmen«, sagte er. »Es würde mich unsagbar grämen, wenn du deinen Besuch auch nur um eine Stunde verkürztest. Die Sache ist die – es gibt keinen Grund, weshalb wir unter Verwandten Heimlichkeiten haben sollten –, daß mein armes, liebes Weib unglaublich eifersüchtig ist. Sie haßt jeden – männlich oder weiblich –, der sich auch nur für eine Sekunde zwischen uns schieben könnte. Ihre Idealvorstellung ist eine einsame Insel und ein ewiges *tête-á-tête.* Jetzt hast du den Schlüssel zu ihrer Handlungsweise, die an diesem Punkt, das gebe ich zu, von einer Manie nicht weit entfernt ist. Sag mir, daß du's nicht mehr übelnimmst.«

»Aber nein, auf gar keinen Fall.«

»Dann steck dir diese Zigarre an und komm mit. Wir wollen uns meine kleine Menagerie ansehen.«

Der ganze Nachmittag wurde mit dieser Besichtigung zugebracht, die alle Vögel, Säugetiere und Reptilien umfaßte, die er importiert hatte. Einige liefen frei umher, andere befanden sich in Käfigen, einige im Hause. Begeistert berichtete er von seinen Erfolgen und Fehlschlägen, von den Geburten und Todesfällen, und wie ein Schuljunge brach er in lautes Entzücken aus, wenn unterwegs ein grellfarbener Vogel aus dem Grase aufflatterte oder irgendein merkwürdiges Tier Deckung suchte. Schließlich führte er mich einen Gang hinab, der von einem Seitenflügel des Hauses ausging. An seinem Ende war eine schwere Tür mit einem Schlitzverschluß, und daneben ragte aus der Wand ein eiserner Griff hervor, der zu einem Rad und einer Trommel gehörte. Eine Reihe starker Eisenstäbe versperrte den Gang.

»Jetzt werde ich dir das Prunkstück meiner Sammlung vorführen«, sagte er. »In Europa gibt's nur noch ein anderes Exemplar, seit das Amsterdamer Jungtier tot ist. Es ist eine brasilianische Katze.«

»Aber wie unterscheidet sie sich von anderen Katzen?«

»Das wirst du gleich sehen«, sagte er lachend. »Willst du bitte den Schieber heben und durchblicken?«

Das tat ich und starrte in einen großen leeren Raum mit Fliesen auf dem Boden und kleinen vergitterten Fenstern in der gegenüberliegenden Wand. In der Mitte dieses Raumes lag in einem Flecken goldenen Sonnenscheins ein riesiges Tier ausgestreckt, so groß wie ein Tiger, doch schwarz und glatt wie Ebenholz. Es war einfach eine riesenhafte und sehr gut gehaltene schwarze Katze, und die kauerte und wärmte sich in dem gelben Lichtfleck wie jede normale Katze. Sie war so anmutig, so sehnig und sanft und schmeichlerisch teuflisch, daß ich meine Augen nicht von der Öffnung nehmen konnte.

»Ist das nicht ein herrlicher Kerl?« fragte mein Gastgeber begeistert.

»Prachtvoll. So ein edles Tier habe ich noch nie gesehen.«

»Manche sagen, es sei ein schwarzer Puma, in Wirklichkeit ist's aber kein Puma. Der Kerl mißt von der Nase bis zur Schwanzspitze an die elf Fuß. Vor vier Jahren war er ein kleiner Ball aus schwarzem Flaum, aus dem zwei gelbe Augen herausstarrten. Er wurde mir als neugeborenes Jungtier im Quellgebiet des Rio Negro verkauft. Sie haben seine Mutter mit Speeren erlegt, nachdem sie ein Dutzend von ihnen getötet hatte.«

»Also sind's gefährliche Tiere?«

»Die gefährlichsten und blutrünstigsten Tiere der Erde. Erzähl einem Indianer im Innern was von einer brasilianischen Katze, da sollst du mal sehen, wie er das Zittern kriegt. Sie bevorzugen Menschenfleisch. Dieser Kerl hat noch nie lebendiges Blut gekostet, aber wenn er's tut, ist er nicht mehr zu halten. Augenblicklich duldet er niemanden außer mir in seiner Höhle. Sogar Baldwin, der Diener, wagt sich nicht in seine Nähe. Ich – nun ja, ich bin für ihn Mutter und Vater in einem.«

Während er sprach, öffnete er zu meinem Erstaunen die

Tür, schlüpfte hindurch und schloß sie sogleich hinter sich. Beim Klang seiner Stimme erhob sich das riesige, geschmeidige Tier, gähnte und rieb seinen runden schwarzen Kopf zutraulich an seiner Seite, während er es streichelte und kraulte.

»So, Tommy, jetzt in deinen Käfig!« sagte er.

Die gewaltige Katze ging zur einen Seite des Raumes hinüber und rollte sich unter einem Gitter zusammen. Everard King kam heraus, packte den Eisengriff, den ich bereits erwähnte, und drehte daran. Dabei schoben sich die Gitterstäbe im Gang durch einen Schlitz in der Mauer und schlossen die Vorderseite des Gatters, so daß ein geschlossener Käfig entstand. Alsdann öffnete mein Vetter die Tür wieder und ließ mich in den Raum, in dem ein beißender, muffiger Gestank herrschte, wie er großen Fleischfressern eigentümlich ist.

»So funktioniert das«, sagte er. »Tagsüber kann er sich im Zimmer tummeln, und nachts stecken wir ihn in diesen Käfig. Man kann ihn herauslassen, indem man den Griff im Gang betätigt, und auf die gleiche Weise wird er wieder eingesperrt, wie du gesehen hast. – Nein, nein, das darfst du nicht!«

Ich hatte meine Hand durch das Gitter gesteckt, um die glänzende, atmende Flanke zu streicheln. Mit ernstem Gesicht zog er mich zurück.

»Ich sage dir: Tommy ist gefährlich! Weil ich mir etwas bei ihm herausnehme, darfst du nicht glauben, daß das ein anderer auch kann. Er ist sehr wählerisch in seinen Freundschaften – stimmt's nicht, Tommy? Ah, er hört sein Futter kommen. Nicht wahr, mein Junge?«

Schritte klangen auf dem fliesenbelegten Gang, und das Tier sprang auf die Füße und schlich in dem schmalen Käfig hin und her; seine gelben Augen leuchteten, und seine scharlachrote Zunge fuhr bebend über die Reihe seiner weißen, gezackten Zähne. Ein Diener kam mit einem großen Keulenstück auf einem Tablett herein und warf's ihm durchs Gitter vor. Es stürzte sich behend darauf und trug's in eine Ecke; dort hielt es das Fleisch zwischen den Pfoten, zerrte und riß daran und hob ab und zu sein blutiges Maul, um uns einen Blick zuzuwerfen. Es war ein böses und dabei faszinierendes Schauspiel.

»Du wirst dich kaum wundern, daß er mir ans Herz gewachsen ist, wie?« sagte mein Gastgeber, als wir den Raum verließen. »Besonders, wenn du bedenkst, daß ich ihn selber aufgezogen habe. Es war kein Spaß, ihn aus dem innersten Südamerika herüberzubringen. Aber hier ist er sicher und gut aufgehoben – und, wie ich schon sagte, das vollkommenste Exemplar seiner Gattung in Europa. Die Leute vom Zoo wollen ihn unbedingt haben, aber ich kann mich nun einmal nicht von ihm trennen. Nun, ich glaube, ich habe dich mit meinem Hobby lange genug angeödet, also werden wir's Tommy gleichtun und uns zu Tisch begeben.«

DAVID MICHIE

Die Katze des Dalai Lama

Einem Stier, der seine Notdurft verrichtete, ist es zu verdanken, dass sich mein Leben schon kurz nach meiner Geburt dramatisch veränderte. Ohne diesen Stier, liebe Leser, gäbe es auch dieses Buch nicht.

Stellt euch einen typischen Nachmittag während der Regenzeit in Neu-Delhi vor. Der Dalai Lama war gerade von einer Vortragsreise aus den USA zurückgekehrt und auf dem Nachhauseweg vom Indira Gandhi Airport. Sein Wagen kämpfte sich durch die Vorstädte, als ein Stier den Verkehr zum Erliegen brachte, indem er auf die Schnellstraße trottete, um dort ausgiebig sein Geschäft zu verrichten.

Seine Heiligkeit stand im Stau und sah geduldig aus dem Fenster. Und als er so dasaß und darauf wartete, dass sie weiterfahren konnten, wurde er Zeuge eines Dramas, das sich am Straßenrand abspielte:

Inmitten des Durcheinanders aus Fußgängern und Fahrradfahrern, Imbissbuden und Bettlern mühten sich zwei abgerissene Straßenkinder, den Handel des Tages zu einem glücklichen Abschluss zu bringen. Am Morgen hatten sie in einer kleinen Seitengasse unter einem Haufen Leinensäcken einen ganzen Wurf kleiner Kätzchen entdeckt. Sie betrachteten ihren Fund genauer und stellten bald fest, dass er einigen Wert besaß. Denn die Kätzchen waren keine gewöhnlichen Hauskatzen, sondern eindeutig Geschöpfe von edler Herkunft. Obwohl die Jungen mit den Merkmalen der Himalaja-Katze nicht vertraut waren, begriffen sie schnell, dass die Tiere mit ihren saphirblauen Augen und dem schönen, üppigen Fell ein rentables Tauschobjekt darstellten.

Sie entrissen meine Geschwister und mich dem gemütlichen Nest unserer Mutter und warfen uns in den ungewohnten, furchteinflößenden Straßenlärm. Im Handumdrehen hatten die Jungen meine beiden älteren Schwestern, die viel größer und besser entwickelt waren als wir Letztgeborenen, gegen eine Handvoll Rupien getauscht – was eine derartige Aufregung bei ihnen hervorrief, dass sie mich versehentlich fallen ließen. Ich landete schmerzhaft auf dem Asphalt und wäre beinahe von einem Motorroller überfahren worden.

Ich und mein Bruder – zwei kleine, ausgemergelte Kätzchen – waren weitaus schwieriger an den Mann zu bringen. Stundenlang zogen die Jungen durch die Straßen und versuchten an jeder Kreuzung, die Autofahrer für uns zu interessieren. Ich hatte noch lange nicht das Alter erreicht, von meiner Mutter getrennt werden zu können. Mein zerbrechlicher Körper hatte diesen Strapazen nichts entgegenzusetzen. Vom Schmerz durch den Fall und durch den Milchmangel geschwächt, war ich kaum noch bei Bewusstsein, als die Jungen die Aufmerksamkeit eines älteren Passanten erregten, der seiner Enkeltochter ein Kätzchen zum Geburtstag schenken wollte.

Er befahl den Jungen, uns auf den Boden zu setzen. Dann ging er in die Hocke und musterte uns eingehend. Mein

Bruder tapste durch die Schmutzhaufen am Straßenrand und bat mit einem herzzerreißenden Miauen um Milch. Als man gegen mein Hinterteil stieß, um mich zu einer Bewegung zu animieren, schaffte ich nur einen einzigen, taumelnden Schritt, bevor ich in einer Dreckpfütze zusammenbrach.

Genau diese Szene beobachtete Seine Heiligkeit.

Und das, was als Nächstes passierte.

Nach längerem Feilschen händigten die Jungen dem zahnlosen Alten meinen Bruder aus, während ich im Schmutz liegen blieb. Schließlich beratschlagten meine Entführer, was sie mit mir anstellen sollten, wobei mich einer der Jungen sogar sehr unsanft mit seinem großen Zeh anstieß. Sie kamen schließlich zu dem Ergebnis, dass ich unverkäuflich wäre, zogen den Sportteil einer alten *Times of India* aus einem Gully in der Nähe, wickelten mich wie ein Stück verdorbenes Fleisch darin ein und machten sich auf den Weg zum nächsten Müllhaufen, um mich dort zu entsorgen.

In der Zeitung bekam ich kaum Luft. Jeder Atemzug war eine Qual. Von Erschöpfung und Hunger gepeinigt, spürte ich, wie mein Lebenslicht allmählich immer schwächer wurde und dem Verlöschen gefährlich nahe kam. Kein Zweifel, mein letztes Stündlein hatte geschlagen.

In diesem Moment schickte Seine Heiligkeit einen Bediensteten, der – gerade aus Amerika zurückgekehrt – zwei Dollarscheine in seiner Robe stecken hatte. Diese überreichte er den Jungen, die eilig davoneilten und angeregt darüber debattierten, wie viele Rupien sie wohl für die Dollar bekämen.

Ich wurde aus der Todesfalle des Sportteils (»Bangalore schlägt Rajasthan vernichtend mit neun Wickets Vorsprung« lautete die Schlagzeile) gewickelt und ruhte bald auf der gemütlichen Rückbank im Wagen des Dalai Lama. Kurz darauf wurde bei einem Straßenhändler Milch gekauft und mir ins Maul geträufelt. Seine Heiligkeit hauchte meinem ermatteten Körper neues Leben ein.

Ich habe zwar kaum Erinnerungen an meine Rettung, aber die Geschichte wurde mir seither so oft erzählt, dass ich sie in- und auswendig kenne. Eines allerdings weiß ich noch sehr genau: wie ich an einem sicheren Ort voll unendlicher Wärme erwachte und zum ersten Mal, seit man mich an diesem Morgen aus meinem Bett aus Leinensäcken entführt hatte, wieder Zuversicht schöpfte. Als ich mich umsah, um meinen neuen Ernährer und Beschützer ausfindig zu machen, blickte ich direkt in die Augen des Dalai Lama.

Wie soll man den ersten Augenblick in Gegenwart Seiner Heiligkeit beschreiben?

Es ist nicht nur ein Gefühl, sondern auch ein Gedanke – die beruhigende und tiefe Erkenntnis, dass alles gut ist. Wie ich später begriff, ähnelt es den Empfindungen, die man hat, wenn man sich bewusst wird, dass die wahre Natur des Selbst aus Liebe und Mitgefühl besteht. Der Dalai Lama erkennt deine Buddhanatur und hält sie dir wie einen Spiegel vor. Diese außergewöhnliche Erfahrung rührt viele Menschen zu Tränen.

Als ich in eine kastanienbraune Wolldecke gewickelt auf einem Stuhl im Büro Seiner Heiligkeit saß, wurde ich mir einer weiteren Tatsache bewusst, die für alle Katzen von großer Bedeutung ist: Ich befand mich im Heim eines Katzenliebhabers.

Allerdings verspürte ich noch etwas anderes: eine weit weniger angenehme Präsenz, die jenseits des Beistelltisches saß. Nach seiner Rückkehr nach Dharamsala empfing Seine Heiligkeit wie gewöhnlich wieder viel Besuch. Gerade fand ein seit Langem vereinbartes Treffen mit einem britischen Geschichtsprofessor statt, dessen Namen ich euch natürlich auch nicht verraten darf. Der Hinweis, dass er an einer der beiden renommiertesten Universitäten Englands lehrte, muss genügen.

Der Professor schrieb gerade an einem umfangreichen Werk über die indotibetische Geschichte. In diesem Augenblick wirkte er jedoch etwas pikiert, da ihm der Dalai Lama nicht seine volle Aufmerksamkeit widmete.

»Eine streunende Katze?«, rief er, als ihm Seine Heiligkeit in wenigen Worten erklärte, weshalb ich den Stuhl zwischen ihnen in Beschlag genommen hatte.

»Ja«, bestätigte der Dalai Lama. Dann holte er zu einer etwas ausführlicheren Erläuterung aus, die weniger auf die Frage selbst als auf den Tonfall abzielte, in dem sein Gast sie gestellt hatte. Er bedachte den Geschichtsprofessor mit einem milden Lächeln und sprach mit dem vollen, warmen Bariton, der mir schon bald so vertraut sein würde.

»Nun, Herr Professor, dieses streunende Kätzchen und Sie haben etwas sehr Wichtiges gemeinsam.«

»Da bin ich aber gespannt«, antwortete der Professor reserviert.

»Ihr Leben ist Ihnen das Wichtigste auf der Welt«, sagte Seine Heiligkeit. »Und dasselbe gilt für dieses Kätzchen.«

Aus der darauf folgenden langen Pause wurde deutlich, dass der Professor trotz all seiner Gelehrsamkeit noch niemals mit einem derart verblüffenden Gedanken konfrontiert worden war.

»Aber damit wollt Ihr doch sicher nicht sagen, dass das Leben eines Tieres denselben Wert hat wie ein Menschenleben?«, vergewisserte er sich.

»Natürlich besitzen wir Menschen ein bedeutend größeres Potenzial«, antwortete Seine Heiligkeit. »Der starke Drang, am Leben zu bleiben, diese spezielle Bewusstseinserfahrung nicht aufzugeben allerdings – *darin* sind sich Mensch und Tier gleich.«

»Nun, das mag vielleicht für einige höhere Säugetierspezies gelten …« Der Professor versuchte verzweifelt, Argumente gegen diesen beunruhigenden Gedanken aufzubringen. »Aber doch nicht für alle Tiere. Denken wir beispielsweise an *Kakerlaken.*«

»Es gilt auch für Kakerlaken«, sagte Seine Heiligkeit unbeirrt. »Für jedes Lebewesen, das ein Bewusstsein besitzt.«

»Kakerlaken übertragen Krankheiten und Seuchen. Es ist *unabdingbar*, sie mit Gift zu vernichten.«

Seine Heiligkeit stand auf und ging zu seinem Schreibtisch hinüber, von dem er eine große Streichholzschachtel aufhob. »Wenn wir eine Kakerlake entdecken, tragen wir sie hierin ins Freie«, sagte er. »Das ist viel besser als Gift. *Sie*«, fuhr er nach seinem charakteristischen Kichern fort, »möchten doch sicher auch nicht von einem Gift sprühenden Riesen verfolgt werden, oder?«

Der Professor überdachte schweigend diese naheliegende, aber ungewöhnliche Weisheit.

»Für uns, die wir mit Bewusstsein ausgestattet sind« – der Dalai Lama kehrte auf seinen Platz zurück –, »ist das Leben sehr wertvoll. Deshalb müssen wir auch alle anderen bewussten Lebewesen schützen. Und begreifen, dass wir ausnahmslos alle von zwei Grundbedürfnissen geleitet werden: dem Wunsch nach Glück und dem Wunsch, Leid zu vermeiden.«

Über diese Themen spricht der Dalai Lama oft und in unzähligen Formulierungen. Und doch bringt er sein Anliegen jedes Mal mit einer derart eindringlichen Klarheit und Deutlichkeit zum Ausdruck, dass es mir vorkommt, als würde ich es zum ersten Mal hören.

»Diese Bedürfnisse teilen wir alle, genau wie uns die Mittel und Wege gemeinsam sind, Glück zu erlangen und Leid zu vermeiden. Wer von uns erfreut sich nicht an einem köstlichen Mahl? Wer will nicht an einem sicheren, bequemen Ort schlafen? Gelehrter, Mönch oder streunende Katze – in dieser Hinsicht sind wir alle gleich.«

Der Geschichtsprofessor rutschte unbehaglich auf seinem Stuhl herum.

»Aber am meisten«, sagte der Dalai Lama, beugte sich vor und kraulte mich mit seinem Zeigefinger, »wünschen wir uns, geliebt zu werden.«

Als uns der Professor an diesem Abend verließ, hatte er viel mehr, worüber er sich Gedanken machen konnte, als nur die Tonbandaufzeichnungen der Ansichten des Dalai Lama über die indotibetische Geschichte.

*

Ob es auch Nachteile hat, die Katze des Dalai Lama zu sein?

Schon allein die Frage mag euch so absurd oder auch undankbar erscheinen, dass ihr womöglich geneigt seid, mich als verzogenes, verhätscheltes Pelzvieh abzutun. Genau wie diese plattnasigen, langhaarigen Stubentiger, die mit ihrer arroganten Unnahbarkeit den Eindruck erwecken, man könne ihnen nichts recht machen.

Doch nicht so schnell, liebe Leser. Hat nicht alles eine Kehrseite? Zugegeben, das Schicksal meinte es mit wenigen Katzen in der Geschichte so gut wie mit mir. Nicht nur, dass alle meine materiellen Bedürfnisse befriedigt werden und meinen Launen Rechnung getragen wird – manchmal sogar, bevor ich mir dessen überhaupt bewusst bin –, durch die Vielzahl von Besuchern und Aktivitäten im Haus des Dalai Lama wird auch mein geistiger Horizont ständig erweitert. Es ist wohl kaum vorstellbar, mehr geliebt, verehrt und bewundert zu werden. Und das noch dazu von Menschen, denen ich ebenfalls in innigster Freundschaft verbunden bin.

In spiritueller Hinsicht genügt es – wie ihr ja inzwischen wisst –, dass Seine Heiligkeit den Raum betritt. Schon lösen sich alle vorgefassten Meinungen und Vorstellungen in Luft auf, und man wird von einem andauernden, tiefen Glücksgefühl erfüllt. Die Tatsache, dass ich einen Großteil des Tages in seiner Gegenwart, die Nacht am Fußende seines Bettes und nicht wenige Stunden auf seinem Schoß verbringe, macht mich wohl zu einer der glücklichsten Katzen des Planeten.

Und was, fragt ihr euch nun sicher, sollte denn hier die Kehrseite sein?

Wir selbst müssen die Verantwortung für unsere geistige Entwicklung übernehmen, wie der Dalai Lama regelmäßig betont. Kein anderer kann dafür sorgen, dass wir das reiche Füllhorn der alltäglichen Erfahrungen mit der größtmöglichen Aufmerksamkeit auskosten. Genauso wenig kann uns jemand zwingen, geduldiger oder mitfühlender zu werden, ganz gleich, wie sehr uns mehr Geduld und Güte zu einem zufriedeneren Leben verhelfen würden. Und dass wir nur aus uns selbst heraus unsere Konzentration während der Meditation steigern können, liegt auf der Hand.

Doch kommen wir auf den eigentlichen Grund meines beschämenden, aber nicht zu leugnenden Grolls zu sprechen.

Jeden Tag werde ich Zeuge der Audienzen, die Seine Heiligkeit abhält, und lausche den Erfahrungen von Menschen, die in der Meditation sehr erfahren sind. Aber mir selbst ist es trotzdem nicht möglich, länger als zwei Minuten zu meditieren, ohne mich ablenken zu lassen.

Keine Woche vergeht, in der ich nicht die beeindruckenden Erlebnisse zu hören bekomme, die im Bewusstsein der Yogis stattfinden, wenn sie schlafen oder theoretisch sogar – wenn auch nur vorübergehend – tot sind. Schließe *ich* dagegen abends die Augen, überkommt mich sofort eine bleierne Müdigkeit und sonst gar nichts.

Würde ich bei einer Familie leben, die so viel Zeit vor dem Fernseher verbringt wie der Dalai Lama beim Meditieren und deren Geist so unruhig wäre wie mein eigener, dann, so vermute ich, würden mir meine Unzulänglichkeiten wohl längst nicht so schmerzlich bewusst. Wäre ich von Menschen umgeben, die der Überzeugung sind, dass die

Dinge und die anderen Menschen in ihrem Leben die Ursache für ihr Glück oder Unglück sind und nicht ihre Einstellung gegenüber diesen Menschen und Dingen – nun, dann würde ich wohl als eine sehr verständige und weise Katze durchgehen.

Bin ich aber nicht.

Und werde es auch niemals sein.

Stattdessen gibt es Momente, in denen es mir sinnlos scheint, auch nur zu versuchen, eine Bodhikatzva zu werden. Meine Meditationskünste sind ungenügend. Ich werde regelmäßig von negativen Gedanken heimgesucht. Ich lebe im Jokhang wie ein Zwerg unter Riesen! Ganz zu schweigen von meinen vielen persönlichen Defiziten, wie beispielsweise dem zügellosen Appetit, den ich Tag für Tag bekämpfen muss, und meinen körperlichen Unzulänglichkeiten, die sich etwa in meinem aufgrund der schwachen Hinterbeine taumelnden Gang äußern. Und dann noch die überaus quälende Tatsache, die wie ein störendes, raues Sandkorn am Kern meines Selbstwertgefühls kratzt: dass meine edle Herkunft – O Schmach! O Schande – nicht durch einen Stammbaum dokumentiert ist und wohl bis in alle Ewigkeit unbekannt bleiben wird. Wie soll man glauben, dass man besonders oder anders oder – ja, ich muss es aussprechen: blaublütig ist, wenn man nicht über die Papiere verfügt, die es beweisen?

BENEDICT WELLS

Richard

»Wissen Sie«, sagte die alte Frau auf der Parkbank zu dem Mann neben ihr. »Am liebsten mag mein Richard die Hähnchenbrust vom Markt, dünn geschnitten. Der Händler kennt mich und wartet jeden Freitag auf mich … Diesmal wollte ich nichts, ich muss auch sparen, aber er meinte, die Hähnchenbrust sei heute ganz besonders zart, und am Ende habe ich sie doch gekauft.«

Die alte Frau holte das Tütchen mit dem Fleisch aus der Einkaufstasche und zeigte es dem Mann. Er blickte unwillig rüber und starrte dann wieder auf sein Handy.

»Der Richard ist immer aufgeregt, wenn ich damit nach Hause komme, ich glaube, er riecht das Fleisch. Die Sekunden, bevor ich das Hühnchen in seine Schüssel gebe, die kann er kaum noch abwarten, da streicht er mir dauernd um die Beine und miaut.« Sie lachte. »So läuft das bei uns: Zuerst er, dann ich. Bei meinem Mann war das umgekehrt, der hat immer schön Rücksicht auf mich genommen, aber mit dem Richard könnte ich das nicht machen.«

Der Mann neben ihr nickte höflich. Er trug einen dunkelgrauen Hoodie und tippte noch eine Nachricht auf dem Handy, dann stand er auf und wünschte ihr einen guten Tag. Die alte Frau sah ihm nach, die Tüte mit der Hähnchenbrust vom Markt noch immer auf dem Schoß.

Die Blätter der Bäume leuchteten golden in der späten Nachmittagssonne, auf der Wiese im Park spielten Kinder. In der Ferne sah sie ein junges Paar; seine Hand vergrub sich in ihrer Jackentasche und ihre in seiner.

Die alte Frau blickte ihnen nach, dann betrachtete sie ihre fleckigen Hände. Sie dachte an ihren verstorbenen Mann. Wenn ihre Erinnerung ein Kino war, dann waren die Jahre mit ihm ein Klassiker, der noch immer jeden Abend lief. Vielleicht war er nicht mehr ganz so spannend, weil sie jeden Satz aus der Handlung mitsprechen konnte, und vielleicht war auch das Bild inzwischen etwas unscharf geworden und die Tonspur verwaschen, aber das machte nichts. Der Film endete, kurz bevor seine Krankheit begann.

»Ja, klar … Das hat er *niemals* gemacht.«

»Und wie er das gemacht hat.«

Zwei Mädchen durchquerten den Park und kamen diskutierend auf sie zu. Sie setzten sich neben die alte Frau auf die Bank.

Eine Weile hörte sie dem Gespräch der beiden Freundinnen zu und strich dabei immer wieder über ihre gemusterte Bluse. Dann griff sie in ihre Jacke und holte ein Foto heraus. Es zeigte einen jungen Kater. Sein Fell war komplett schwarz, nur die Nasenspitze leuchtete weiß.

»Da war er noch ganz klein«, sagte die Frau, indem sie die Unterhaltung der beiden Mädchen einfach unterbrach. »Ich hab ihn Richard getauft, weil so mal ein guter Freund hieß und weil ich den Namen immer mochte.«

Die beiden Mädchen starrten befremdet auf das Bild.

»Nach dem frühen Tod meines Mannes, da war ich viel allein«, fuhr die Frau fort. »Wir hatten keine Kinder, die

Wohnung war so leer ohne ihn, und im Laufe der Jahre sind weitere Freunde gestorben. Tja, so ist das … Manchmal saß ich dann den ganzen Tag in der Küche und hab mit niemandem geredet.«

Sie seufzte, obwohl sie gar nicht seufzen wollte. Es war ungewohnt, länger mit jemandem zu reden.

»Irgendwann hab ich dann im Fernsehen einen Bericht gesehen, dass es in den Tierheimen im Sommer zu viele Katzen gibt, weil die Leute sie vor den Ferien aussetzen. Also bin ich hin. Mein Gott, war das ein Gemaunze dort.« Die alte Frau lachte. »Ich bin durch die Gänge gegangen, und plötzlich greift da eine Tatze nach mir. Ich blicke in den Käfig und sehe ein schwarzes Kätzchen mit weißer Nase. ›Den da haben wir im Wald gefunden‹, sagt der Mann vom Tierheim zu mir. ›Seine Mutter ist gestorben und hat nicht mehr auf ihre Kinder aufpassen können. Alle seine Geschwister waren schon tot, nur er hat überlebt. Ganz schön zäh.‹ Ich schaue auf das Kätzchen, es wirkt verzweifelt, fast flehend, und da sage ich: ›Der kommt zu mir.‹ Das war vor fünfzehn Jahren. Anfangs war es natürlich ungewohnt, da sind wir beide aneinander vorbeigeschlichen. Richard ließ sich nämlich nur ungern streicheln, man konnte sehen, dass er viel mitgemacht hatte und verängstigt war. Aber irgendwann hat er sich an mich gewöhnt.«

Sie holte ein anderes Bild hervor, auf dem der Kater älter und deutlich größer war. Sein schwarzes Fell glänzend und kräftig, er lag behaglich zusammengerollt auf einem Kissen vor der Heizung.

»Das ist sein Lieblingsplatz«, sagte die alte Frau zu den beiden Mädchen. »Er mag's gern warm, und wenn man bedenkt, dass man ihn damals im kalten Wald gefunden hat, kann man das ja auch verstehen. Der Richard ist im Laufe der Jahre ein richtig schöner, stolzer Kater geworden, kein Vergleich zu dem abgemagerten Kätzchen, das er damals war. Er ist …«

Die Frau verstummte mitten im Satz. Wieder strich sie nachdenklich über eine Falte ihrer Bluse. Die Mädchen wussten nicht, wie sie auf die sonderbare Alte reagieren sollten, und schwiegen nun ebenfalls. Der Park versank im blauen Licht der Dämmerung, in der Ferne noch immer der fröhliche Lärm der Kinder, die auf der Wiese Fußball spielten.

Auf einmal tippte die alte Frau auf das Foto. »Ich weiß noch, wie der Richard beschlossen hat, dass wir jetzt Freunde sind. Ich saß in der Küche und hab gelesen, da sprang er plötzlich auf meinen Schoß. Das hat er davor nie gemacht und auch in den Jahren danach nie mehr. Nähe ist nämlich sehr schwierig für ihn. Aber an diesem Tag, da wollte er mir wohl zeigen, dass er mich mag.«

Die beiden Mädchen schauten sich an und kicherten dann los.

Die alte Frau lachte einfach mit. »Ja, er hat seinen eigenen Kopf. Am liebsten ist er in meiner Nähe, aber mit ein bisschen Abstand. Wenn ich in der Küche lese, sitzt er gern auf dem Stuhl neben mir. Wenn ich fernsehe, auf dem Sessel gegenüber. Aber in meinem Bett schlafen? Niemals … Irgendwann kannte ich ihn dann so gut, dass ich ihn genau verstanden habe. Laute Geräusche machen ihm Angst, weil sie ihn an etwas von früher erinnern. Manchmal hat er gute Tage, dann ist er zutraulich und lässt sich am Kopf kraulen.

Aber dann muss man ihn auch wieder in Ruhe lassen. Und genauso kennt er auch mich. Katzen sind ja sehr feinfühlig, wusstet ihr das? Es heißt, dass sie sogar den Tod von Menschen erahnen können, aber auch ihren eigenen, so ein gutes Gespür haben sie ... Habt ihr ein Haustier?«

Das eine Mädchen schüttelte noch immer grinsend den Kopf, das andere nickte zögerlich. »Einen Hund.«

»Und wie heißt er?«

»Miles«, sagte das Mädchen verlegen.

Die alte Frau lächelte. »Ich verrate dir was.«

Sie holte aus ihrer Tasche noch ein drittes Foto. Der Kater war darauf schon alt und sichtbar ergraut, das Fell nicht mehr glänzend, sondern struppig. Er saß auf einem Stuhl und blickte müde, aber mit klugen gelben Augen in die Kamera.

»*Sein* Lieblingsmoment sind die Sekunden, wenn ich die Hähnchenbrust in seine Schüssel lege. Aber *mein* Lieblingsmoment sind die Sekunden, wenn ich die Haustür aufsperre. Ich höre den Richard nämlich immer schon hinter der Tür miauen. Er ist ja genauso einsam wie ich und wartet die ganze Zeit auf mich. Und wenn er dann endlich hört, dass ich das Haus betrete, fängt er bereits an zu miauen: ›*Wo warst du nur so lange?*‹ Bin ich dann im ersten Stock und hole den Schlüssel heraus, kratzt er laut an der Tür. Er ist so aufgeregt, dass er sofort aus der Wohnung laufen würde. Ich muss beim Öffnen immer den Fuß in den Spalt halten, damit er nicht ins Treppenhaus rennt. Seit fünfzehn Jahren mache ich das jetzt. Jedes Mal, wenn ich nach Hause komme, halte ich den Fuß in den Spalt; ein richtiger Reflex.«

Die alte Frau blickte lächelnd auf das Foto ihrer Katze.

Das eine Mädchen stieß das andere an.

»Ja, also, wir müssen dann mal …«, sagte es schnell. Sie verabschiedeten sich, und kaum, dass sie einige Schritte entfernt waren, prusteten beide los.

Die alte Frau hörte es, es machte ihr nichts aus. Allmählich dunkelte es, aber heute wollte sie noch nicht so früh nach Hause. Ihr Blick schweifte über den Park, dessen Laternen gleichzeitig angingen. Nach und nach leerte er sich, auch die Kinder, die auf der Wiese Fußball gespielt hatten, machten sich auf den Weg.

Noch immer betrachtete sie das letzte Foto von Richard. Sie dachte daran, wie er vor zwei Tagen in ihrem Bett geschlafen hatte. Das hatte er noch nie gemacht, in all den Jahren nicht, es war ihm immer zu nah. Aber diesmal war er mit einem Schnurren zu ihr gekommen und ganz zutraulich gewesen. Überrascht hatte sie ihn beim Namen gerufen. Er hatte ein paarmal seinen Kopf an ihrem Arm gerieben und sich schließlich an ihre Schulter gekuschelt.

Die alte Frau umklammerte das Tütchen mit dem Hähnchenfleisch und legte es neben sich. Plötzlich weinte sie.

Der Park war inzwischen leer, niemand sah es, und nach einigen Augenblicken hatte sie sich wieder beruhigt. Sie stützte sich auf die Gehhilfe und machte sich auf den Heimweg. Die Lichter der Laternen malten scharfe Schatten auf den Bürgersteig, aus den Kneipen und Restaurants wehte Gelächter und Stimmengewirr zu ihr herüber.

Im Treppenhaus empfing sie der altbekannte Geruch nach kühlem Staub. Sie ging die Stufen nach oben, jede vorsichtig und mühsam, aber nie hatte sie darüber geklagt.

Endlich kam sie bei ihrer Wohnung an. Sie holte den Schlüssel aus ihrer Tasche und schloss die Tür auf. Dahinter war es dunkel und still, trotzdem hielt sie den Fuß in den Spalt.

KATE MOORE

Die Geburt eines Stars

Psst«, machte Chris Briscoe, seines Zeichens Fahrscheinkontrolleur bei TransPennine Express, »hör mal!«

Es war der 17. Mai 2011, mitten in der Nacht, und in Chris' Doppelhaushälfte in Rotherham hätte es eigentlich mucksmäuschenstill sein müssen. Dennoch hatte irgendetwas seine Frau Joanne und ihn geweckt – und er glaubte auch zu wissen, was es war.

Joanne und er lauschten in die Dunkelheit hinein. Ja, da war es wieder: ein zaghaftes Quieken, das klang, als käme es aus dem Wäschetrockenschrank. Chris glitt unter der Decke hervor und ging auf Zehenspitzen die Treppe hinab, wobei er sich das bärtige Gesicht rieb, um richtig wach zu werden. Die Tür des Wäschetrockenschranks, die eigentlich hätte geschlossen sein sollen, stand einen Spaltbreit offen, und je näher er kam, desto lauter wurde das mehrstimmige Quieken.

Vorsichtig zog er die Tür ein Stück weiter auf und spähte in den Schrank hinein. Auf dessen Boden lag seine elf Monate alte schwarz-weiße Katzendame Lexi – wie ein Filmstar in einer Parfumreklame, ausgestreckt auf Briscoes besten Handtüchern aus ägyptischer Baumwolle. Als er ins Bett gegangen war, hatte es im Haus nur eine, wenn auch hochträchtige Katze gegeben; nun zählte er rings um die überglückliche Katzenmutter fünf winzige neugeborene Kätzchen.

Lexi war ein zutrauliches Tier, die einzige Katze, die ihn je abgeschleckt hatte, und während ihrer Trächtigkeit war sie sogar noch zutraulicher geworden. In dieser Zeit war sie Chris kaum von der Seite gewichen: Setzte er sich auch nur kurz hin, sprang sie sofort auf seinen Schoß; legte er sich ins Bett, dauerte es nur einen Moment, und er spürte, wie sie sich auf ihm niederließ. Ihm war bewusst gewesen, dass sie bald fällig war, und deshalb hatte er ein kuschlig weiches Katzenbett für sie besorgt und es mit einer alten Wolldecke darin an einer verborgenen Stelle im Haus aufgestellt, sodass sie dort, wenn es so weit war, in aller Ruhe ihre Jungen zur Welt bringen konnte. Lexi hatte aber offenbar andere Pläne gehabt – mit dem Ergebnis, dass sich ihre kleine Familie nun auf den allerweichsten und allerteuersten Handtüchern des Haushalts räkelte.

Chris kniete sich hin und betrachtete seine erschöpft aussehende Katze und ihre Neugeborenen. Er griff in das Kätzchengewusel, untersuchte zunächst Lexi und anschließend ihren Wurf und stellte sicher, dass die Kleinen frei atmen konnten und ihre Mutter die Nabelschnur korrekt abgebissen hatte. Alles war, wie es sein sollte. Lexi fauchte und biss auch nicht, als er mit ihren Kleinen hantierte – so eine Katze war sie nicht. Vielmehr beschnüffelte sie jedes einzelne der kleinen Kätzchen, als sie sie wiederbekam, und vergewisserte sich, dass mit ihnen alles in Ordnung war.

Die Kleinen waren zu fünft: drei gescheckte und zwei schwarz-weiße Katzenkinder. Letztere waren einander so ähnlich, dass man sie kaum auseinanderhalten konnte. Und sie sahen beinahe genauso aus wie ihre Mutter – fast ganz schwarz, aber mit ähnlichen weißen Flecken wie Lexi: ein v-förmiges, weißes Brustlätzchen und weiße Pfoten, die aussahen, als hätten sie ihre Füßchen in weiße Farbe getunkt – oder angesichts der Opulenz ihrer Bettstatt eher, als hätten sie weiße Samthandschuhe an. Alle fünf Jungkatzen hatten diese weißen Pfoten. Da sie eben erst geboren waren, waren ihre Augen noch verschlossen, und sie miauten lediglich nach ihrer Mutter, die sich gewissenhaft um jedes Einzelne von ihnen kümmerte.

Nachdem er sich vergewissert hatte, dass alles in Ordnung war, schloss Chris vorsichtig die Schranktür bis auf einen schmalen Spalt, so wie Lexi es gewollt hatte, und dann ließen Joanne und er sie wieder in Ruhe.

Lexis Trächtigkeit war für die Briscoes eine ziemliche Überraschung gewesen. Sie hatten zwei Katzen, Lexi und Gizmo. Beide waren in einer Sozialbausiedlung in der Nähe von Collingwood aufgefunden worden, offensichtlich ausgesetzt, und Joanne und Chris hatten sie zu sich genommen, da sie zwei Katzen gerade gut als Mäusejäger gebrauchen konnten. Ihr Haus hatte einen sehr großen Garten, und in einem Teil davon hielten sie Hühner und in einer Voliere auch einige Goldfasane. Das Getreidefutter für die Vögel hatte bald Mäuse angelockt, und da die Briscoes kein Gift auslegen wollten, stellte ein Katzenduo die naheliegendste Lösung dar.

Gizmo war ein Mordsgeschoss von einem Kater, fast ganz weiß, aber mit schwarzem Kopf (wenn auch weißem

Gesicht) und schwarzer Rückenpartie. Lexi war nur halb so groß wie er. Obwohl er als Mäusekiller engagiert war, legte er sich gern rund um die Uhr auf die faule Haut und war darüber hinaus auch noch dumm wie Bohnenstroh. Ein riesiger, flauschiger Kater, geduldig und freundlich.

Da die beiden Findelkatzen waren, wussten die Briscoes, als sie sie bekamen, nichts über ihr Alter. Sie brachten die Katzen zum Tierarzt, um sie impfen zu lassen und, da sie keinen Nachwuchs wollten, mit dem Arzt über eine Kastration beziehungsweise Sterilisation zu sprechen. Doch als der Tierarzt Lexi untersuchte, blickte er auf und sagte unumwunden: »Da kommen Sie zu spät.«

Gut sechzig Tage später hatten sie nun fünf hinreißend süße kleine Kätzchen.

Und da die Kätzchen überraschend gekommen waren, machte sich Chris nun daran, die Nachricht in Umlauf zu bringen, dass sie fünf Katzenkinder abzugeben hatten, die ein neues Zuhause brauchten, sobald sie alt genug waren, um von ihrer Mutter getrennt zu werden. Joanne Briscoe arbeitete ebenfalls bei TPE, im Kundendienst, und so bemühten sich beide, die Nachricht in der gesamten Bahnbranche zu verbreiten. Ihr Sohn erklärte sich bereit, eines der gescheckten Kätzchen zu nehmen, und dann meldete sich eine Fahrdienstleiterin aus Manchester und sagte, sie hätte gern die beiden anderen gescheckten. Nun brauchten also nur noch die beiden schwarz-weißen Kätzchen ein neues Zuhause.

Bis dahin machten sie es sich in ihrem gegenwärtigen Zuhause sehr bequem. Im Lauf der nächsten zehn Tage schlug ein Kätzchen nach dem anderen erstmals die Augen auf. Da in diesem Alter alle Katzen blaue Augen haben, öffnete sich erst ein Paar himmelblaue Kulleraugen, dann ein zweites, dann ein drittes ... zum allerersten Mal schauten die Kleinen in die Welt hinaus. Eins der beiden schwarzweißen Kätzchen – das flauschigere der beiden, was das einzige Merkmal war, woran man sie auseinanderhalten konnte – ließ sich Zeit damit. Es war das allerletzte Tier aus dem Wurf, das seine leuchtend blauen Augen öffnete – doch als es das erst einmal getan hatte, gab es für das Kätzchen kein Halten mehr.

Fast über Nacht, so kam es Joanne und Chris jedenfalls vor, verwandelte sich der Korb voller Kätzchen von einer blinden, hilflosen Menge in fünf wagemutige und zu allerlei Streichen aufgelegte Individuen, die sich nun daranmachten, Chaos zu stiften, wohin sie auch kamen. Sie waren so verspielt! Die Kätzchen jagten einander kreuz und quer durchs ganze Haus: Sie kletterten die Vorhänge hinauf, versteckten sich im Wäschekorb, zupften die trocknenden Socken von den Heizkörpern und nahmen sie als Beutetiere her. Nichts durfte man auch nur einen Moment lang unbeaufsichtigt herumliegen lassen, sonst wurde es sogleich in ein neues Spielzeug verwandelt. Die Kätzchen konnten nach Belieben über das ganze Haus verfügen – und nutzten das weidlich aus: Sie flitzten und purzelten und schlitterten umher, ein fünfköpfiges Chaos-Fellknäuel, wie ein Rummelplatz, der urplötzlich in der Stadt aufgetaucht war.

Ein Lieblingsspiel des Quintetts bestand darin, ihren Vater Gizmo zu terrorisieren. Der war ein derart friedfertiges Tier, dass er sich überhaupt nicht wehrte, wenn sie auf ihm herumtollten und mit ihm machten, was sie wollten.

Nach etwa einer halben Stunde hatte er dann aber meist doch die Nase voll und ging ihnen erst mal aus dem Weg, aber er geigte ihnen kein einziges Mal die Meinung.

Bei ihrer Mutter sah das anders aus. Alle fünf Kätzchen hüpften auf ihr herum, wie Kätzchen das halt tun, jagten einander und hechteten über sie hinweg – ein großartiges Spiel –, aber wenn Lexi genug davon hatte, verpasste sie ihren Kindern eine Backpfeife oder packte sie am Genick, um ihnen zu sagen: »Jetzt reicht's. Schluss damit.« Sie war eine liebevolle Katzenmutter, aber auch sehr auf die Einhaltung gewisser Regeln bedacht, und die Kätzchen lernten schnell, nicht mehr über die Stränge zu schlagen. Sie lernten auch andere Dinge von ihr. Als die Zeit dafür gekommen war, zeigte Lexi – die, was das Thema Hygiene anging, absolut makellos war – den Kleinen, wie sie die Katzentoilette zu benutzen hatten, und zwar so gut, dass die fünf Kätzchen ganz schnell stubenrein wurden.

Als die Kätzchen ein wenig später nicht mehr von Lexi gesäugt wurden, stellten die Briscoes sie auf die empfohlene Diät um. Katzenfutter aus dem Laden mochten sie ihnen allerdings nicht geben. Für die Kätzchen, die auf Handtüchern aus ägyptischer Baumwolle zur Welt gekommen waren, war nur das Beste gut genug! Also fütterten sie sie mit frischem Hackfleisch von bester Qualität, unter das von Hand rohe Eier gequirlt wurden. Futter für angehende Helden.

Eins der gescheckten Kätzchen – der kleine Kater, der später den Namen Spadge bekam und beim Sohn der Briscoes leben würde – teilte diese Ansicht auf jeden Fall. Er verstand es von Anfang an, sich durchzusetzen, und war stets der Erste am Futternapf. Mit den Worten der Briscoes: »Er war ein verfressener kleiner Rowdy.« Unter dem lautstarken Protest seiner maunzenden Geschwister bestand er darauf, dass er als Erster fraß und sich kein anderer dem Napf auch nur nähern durfte, solange er nicht fertig war.

Die Kätzchen waren eine laute und selbstbewusste Truppe. Sie miauten, wenn sie fressen wollten und Spadge ihnen dabei im Wege war, sie miauten aber auch, wenn sie spielten, und quiekten manchmal im Chor, wenn sie sich einen ihrer lebhaften Boxkämpfe lieferten. Und wenn sie nach dem Abendessen tief schliefen, nach einem weiteren megaaufregenden Tag komplett erschöpft, drang aus dem braun-weißen Velours-Katzenbett der fünf Geschwister immer mal wieder ein leises, süßes Schnurren.

Neben Spadge, der sich als Vielfraß zu erkennen gab, kam nach und nach auch der Charakter der anderen Kätzchen zum Vorschein. Die beiden schwarz-weißen hatten bald den Spitznamen Duo Infernale weg, denn eins ihrer Lieblingsspiele bestand darin, sich wie zwei pelzige Anstecknadeln an Chris' Hose zu klammern, wenn er in aller Ruhe irgendwo saß. Die Kätzchen verhielten sich ganz still und leise, sodass Chris sie gar nicht bemerkte. Stand er aber auf, um die Treppe hochzugehen, bohrten sich plötzlich zehn (oder zwanzig) spitze Krallen in seine Beine, und die Kätzchen klammerten sich wild entschlossen an seiner Hose fest. Ihre superscharfen Krallen schürften ihm bei jeder Bewegung die Haut auf. »Was zum Teufel ist das?!«, schrie er, und die schwarz-weißen Kätzchen legten den Kopf schief und freuten sich diebisch über seine dramatischen Schmerzensschreie und das schöne Gefühl, an die

Hosenbeine geklammert durch die Gegend geschleudert zu werden. Sie kletterten ihm *ständig* die Hose hinauf. Binnen weniger Wochen sah Chris deshalb aus, als wäre es sein neues Hobby, sich tagtäglich durch Dornengestrüpp zu kämpfen.

Währenddessen verdoppelte er seine Anstrengungen, ein neues Zuhause für das Duo Infernale zu finden. Und zu diesem Zeitpunkt erfuhr er nun endlich, dass Angie Hunte ebenfalls eine Nachricht in Umlauf gebracht hatte: Der Huddersfielder Bahnhof wollte eine Bahnhofskatze engagieren. Kannte jemand irgendwelche jungen Kätzchen, die dieser Aufgabe eventuell gewachsen waren?

Angie und ihre Kollegen wollten für den Job eine Jungkatze haben. Einer älteren ehemaligen Hauskatze gegenüber wäre es nicht fair gewesen, sie unvermittelt dieser Arbeitsumgebung auszusetzen – angesichts der Gefahren, die von den Zügen ausgingen, und angesichts des Lärms und des geschäftigen Treibens in einem stark frequentierten Bahnhofsgebäude. Der Bahnhof Huddersfield verzeichnete pro Jahr circa fünf Millionen Fahrgastbewegungen, und pro Stunde fuhren dort im Schnitt fünfzehn Züge ab – womit er zu den hundert verkehrsreichsten Bahnhöfen des Landes zählte. Einer älteren Katze konnte man all das, was eine Bahnhofskatze draufhaben musste, nicht mehr beibringen. Ein junges Kätzchen hingegen, das auf dem Bahnhof aufwuchs, würde ganz nebenbei alles lernen, was es als Bahnhofskatze wissen und können musste.

Angie und Chris trafen sich bald darauf, um die ganze Sache zu besprechen. Da Chris zu dieser Zeit oft dienstlich in Huddersfield war, ließ sich ein Treffen leicht arrangieren.

Angie empfing ihn mit ihrem berühmten strahlenden Lächeln. »Also, wir wollen die Schädlingsbekämpfungskosten senken«, sagte sie, ein heiteres Funkeln in den Augen, »und aus ökologischen Gründen wollen wir dazu eine Katze engagieren. Wie ich gehört habe, könntest du uns da eventuell behilflich sein … Was sollen die Tierchen denn kosten?«

»Oh, die gibt's gratis, kein Problem«, beeilte sich Chris zu antworten. Angesichts der Kratzer an seinen Beinen war er – natürlich auf die denkbar netteste Art und Weise – ziemlich erleichtert bei dem Gedanken, die Kätzchen loszuwerden. Dass er sich zumindest schon mal eine Hälfte des Duo Infernale vom Hals schaffen konnte, war eine großartige Neuigkeit. Darüber hinaus, dachte er, sei es sicherlich auch mit einigem Prestige verbunden, dass ausgerechnet seine Katze die Bahnhofskatze von Huddersfield wurde – denn das würde sich ja bestimmt unter den Eisenbahnern herumsprechen. *Er* war der Katzenopa – das war ein Ruhmesblatt, das er gerne mitnahm.

Vor allem aber waren Joanne und er einfach froh, dass das Kätzchen ein dauerhaftes und liebevolles neues Zuhause finden würde, bei dem sie davon ausgehen konnten, dass gut für das Tier gesorgt würde. Ja, dem strahlenden Lächeln auf Angies Gesicht nach zu urteilen, als er einwilligte, ihr eines der Kätzchen zu geben, würde es dort regelrecht *verwöhnt* werden.

»Wir hätten gern einen kleinen Kater«, fügte Angie noch hinzu, als fiele es ihr erst verspätet ein, während ihr Gespräch sich schon dem Ende zuneigte. Die Kollegen und sie wollten es schließlich auch nicht übertreiben: Es erschien ihnen wie ein Wunder, dass sich die Firmenzentrale auf die Sache mit der Bahnhofskatze überhaupt eingelassen hatte. Da aber niemand annahm, dass die Chefetage Verständnis dafür hätte, wenn diese Katze Nachwuchs bekäme, würden sich alle sicherer fühlen, wenn es sich bei der neuen Arbeitskraft um ein Männchen handelte.

Chris kannte das Geschlecht der Katzenjungen allerdings nicht. Und als die Fahrdienstleiterin aus Manchester, die die beiden gescheckten Kätzchen nehmen wollte, zu ihnen zu Besuch kam, um sich ihre neuen Schützlinge anzuschauen, gestand er ihr seine Unkenntnis.

»Ich weiß nicht, wie man bei jungen Katzen das Geschlecht bestimmt«, sagte er. »Das wirst du selber erledigen müssen.«

Die Frau hielt die beiden Kätzchen ganz entspannt hoch und sagte: »Der hier ist eindeutig ein Junge, und sie ist eindeutig ein Mädchen.« Dann verpasste sie ihnen die Namen Percy und Max. Anschließend griff sie sich eines der schwarz-weißen Kätzchen aus dem Korb und drehte es um. »Eindeutig ein Junge«, verkündete sie. Dann schnappte sie sich auch das flauschige schwarz-weiße Kätzchen. Das hatte unten herum so langes Fell, dass sich die Untersuchung ein bisschen schwieriger gestaltete. Dennoch kam sie schnell zu einem Ergebnis: »Eindeutig ein Junge.« Sie schien sich in diesen Dingen auszukennen.

Chris überbrachte Angie die gute Nachricht: Die schwarz-weißen Kätzchen waren beide männlichen Geschlechts, also hatte sie die Wahl. Und auch Angie hatte gute Nachrichten für Chris: Pam, eine Dame, die in Huddersfield am Fahrkartenschalter arbeitete, hatte gesagt, ihre

Mutter würde dem Kätzchen, für das sich der Bahnhof nicht entschied, ein neues Zuhause bieten. Somit wurden ihm nun gleich beide Tiere abgenommen.

Joanne und Chris beobachteten das Duo Infernale, während es übermütig durchs Haus tollte. Abgesehen davon, dass der eine viel flauschiger war als der andere, konnten sie kaum einen Unterschied zwischen den beiden entdecken. Nur eines fiel ihnen auf, woran sie sie auseinanderhalten konnten: Die Kätzchen hatten, wie kaum anders zu erwarten, jede Menge Spielzeug, mit dem sie sich austoben konnten (einiges davon waren tatsächlich Spielsachen, anderes hatten die beiden entwendet und dazu umfunktioniert). Sie hatten einen Kratzbaum, von dem ein Bällchen an einer Schnur herabhing, und alle Kätzchen hatten den Baum erklommen und sich dann auf den Ball gestürzt. Sie hatten auch ein halbes Dutzend Quietschmäuse, auf die sie Jagd machen konnten. Und anhand einer dieser Mäuse konnte man die beiden schwarz-weißen Kätzchen unterscheiden. Wenn man diese Maus mit der Schnur aufzog, begann sie sehr schnell zu vibrieren und sauste dadurch über den Fußboden. Eins der beiden schwarz-weißen Kätzchen hatte panische Angst vor der Maus – das andere aber war vollkommen in seinem Element. Immer und immer wieder stürzte es sich auf die Maus und schnappte zu … Game over. Da war der pure Killerinstinkt am Werk.

»Welche der beiden soll denn nun die Bahnhofskatze werden?«, dachte Joanne laut nach. Sie war eine kleine, fröhliche Frau mit blonden Strähnen und viel Humor, auch wenn dieses Thema nicht zum Scherzen geeignet war. Es schien eine ziemlich ernste Frage zu sein: über die Zukunft dieser Kätzchen zu debattieren, während sie nichts ahnend durch die Wohnung tollten und mit der typischen Neugier junger Katzen jeden neuen Anblick, jedes neue Geräusch und jeden neuen Geruch erkundeten. Die fünf waren überhaupt noch nicht draußen gewesen, denn sie waren noch nicht geimpft, aber im Haus gab es für sie genug zu entdecken, um sie wochenlang zu beschäftigen. Welche neuen Erfahrungen standen aber einer Bahnhofskatze bevor? Die Verlockung der Schienen, der Rhythmus der Züge, das stundenlange Patrouillieren auf kalten Bahnsteigen, mitten in der Nacht …

Joanne fand, das flauschigere der beiden Kätzchen sei besser für diesen Beruf geeignet. Denn schon jetzt schien es nach seinem Vater Gizmo zu kommen, der ein absolutes Fellbündel war und deshalb so riesig wirkte. Ein schöner dicker Pelz würde einer Bahnhofskatze doch sicherlich gute Dienste leisten. Das andere Kätzchen hatte kürzeres Fell und war kleiner.

Chris sprach mit Angie über die beiden. »Das eine Kätzchen ist ziemlich groß und flauschig – so wie sein Vater«, sagte er.

»Na, dann nehmen wir doch das«, erwiderte sie. Angie gefiel die Vorstellung, eine superflauschige Katze zu haben – und dieses kleine Kätzchen war wirklich ein Plüschknäuel, das gegenwärtig noch gut auf einer Männerhand Platz fand. Chris schickte ihr ein paar Schnappschüsse von den Kätzchen, und da wurde dem Team erst so richtig bewusst, dass sein Traum nun wirklich in Erfüllung ging.

Angie zeigte die Fotos im Büro herum und kam dabei aus dem Lächeln gar nicht mehr heraus. »Darf ich vorstellen: unser Kätzchen«, sagte sie zu Gareth und wirkte dabei so stolz, als wäre auf den Bildern ihr eigenes Neugeborenes zu sehen.

Gareth erwiderte ihr Lächeln. »Wir haben's geschafft, nicht wahr?«, sagte er. »Wir sind die Sache angegangen, und wir haben's geschafft!«

Es gab aber noch viel zu regeln und zu erledigen, bis die Bahnhofskatze kommen konnte. Das Kätzchen durfte erst von seiner Mutter getrennt werden, wenn es mindestens acht Wochen alt war, und daher bereitete das Bahnhofsteam in der Zwischenzeit alles für die Ankunft seines kleinen Katers vor. Sie besorgten flauschige Decken, auf denen er schlafen konnte, und kauften einen weißen Doppelnapf aus Plastik für Futter und Wasser. Bei der Vorstellung, dass ihr neuestes Teammitglied schon bald bei ihnen anfangen würde, herrschte große Aufregung im Büro. Der Begeisterung auf den Gesichtern nach zu urteilen, würde das kleine Kätzchen mit weitem Abstand der beliebteste Kollege auf dem Bahnhof werden.

Aber nicht alle freuten sich auf den Neuzugang. Einige Kollegen behaupteten sogar plötzlich, sie seien hochgradig allergisch gegen Katzen, und das ganze Vorhaben solle daher bitte schön abgeblasen werden. Sie hatten diese »Allergien« allerdings während Gareths dreijähriger Kampagne kein einziges Mal erwähnt, und daher kaufte ihnen das letztlich keiner ab.

Chris Briscoe für seinen Teil freute sich definitiv auf den Auszug des Duo Infernale. Jeden Abend mussten Joanne und er einen Zählappell mit den Kätzchen abhalten, um herauszufinden, wo sie waren, denn sie spielten ununterbrochen Verstecken und versuchten permanent, sich genau dort breitzumachen, wo sie nichts zu suchen hatten. »Wie viele hast du?«, rief Chris dann, ein winziges geschecktes Kätzchen auf dem Arm, während Joanne sich einen Weg durch das Wohnzimmer bahnte und rief: »Neben dem Kamin habe ich eins entdeckt!«

Die beiden brachten sie dann zu Lexi zurück und setzten sie behutsam auf dem kuscheligen braun-weißen Katzenbett ab. Als sie die anderen drei dann endlich gefunden hatten, waren die ersten beiden jedoch längst wieder verschwunden. So ermüdend das alles auch war, Chris' Tochter würde doch sehr traurig sein, wenn ihre neuen Freunde auszogen – was nun bald geschehen würde. Lucy Briscoe war elf Jahre alt und liebte die Kätzchen über alles. Gemeinsam mit der Enkeltochter der Briscoes, der sechsjährigen Ellie, hatte sie die Kätzchen an den Umgang mit Menschen gewöhnt, indem sie sie immer wieder auf den Arm nahm und mit ihnen kuschelte – und Joanne und Chris hatten sich, ehrlich gesagt, auch daran beteiligt. Alle fünf Katzenkinder hatten in ihren prägenden ersten acht Lebenswochen ein gleich großes Maß an menschlicher Zuwendung und Zuneigung abbekommen. In mancher Hinsicht würde es den Briscoes sehr schwerfallen, sich von ihnen zu trennen.

Und der Tag des Abschieds kam nur allzu bald. Am 12. Juli 2011, einem Dienstag, passierten die kleinen Katzen einen Meilenstein auf ihrem Lebensweg: Sie wurden auf den Tag genau acht Wochen alt. Nun war es für die Mitglieder des Wurfs an der Zeit, sich voneinander zu verabschieden.

Spadge reiste als Erster ab – er zog zum Sohn der Briscoes nach Sheffield. Am Tag darauf brachen Max und Percy in ihr neues Leben in Manchester auf. Blieben nur noch die beiden noch namenlosen schwarz-weißen Kätzchen. Sie machten sich am 14. Juli auf den Weg zum Bahnhof Huddersfield. Im Alter von acht Wochen und zwei Tagen begann für das Duo Infernale damit eine Reise, die es nie vergessen würde.

CEES NOTEBOOM

Fledermaus

Vor Jahren habe ich Fledermaus geerbt. Nicht eine Fledermaus, sondern Fledermaus, eine weibliche graue Katze des Typs, den man in Deutschland Kartäuser nennt, ein Name, der mir sehr gut gefällt, weil ich im Laufe meiner Spanienreisen häufig Kartäuserklöster besucht habe. Kartäuser sind Mönche, die im Gegensatz zu den Angehörigen anderer kontemplativer Orden allein in einer größeren Gemeinschaft leben. Jeder Kartäuser ist ein Einsiedler innerhalb eines größeren Ganzen, lebt er doch in einer Zelle, in der er sein Essen durch eine Luke bekommt; die anderen Mönche sieht er nur beim Chorgebet oder bei der Feldarbeit und zweimal in der Woche beim Spaziergang, ein Detail, das mich immer sehr angesprochen hat. In den Niederlanden gibt es keine Kartäuser mehr, sie sind ausgestorben.

Aber gut, hier geht es um *meinen* Kartäuser, um Fledermaus, und Fledermaus mag zwar kein Mönch (in diesem Fall also: keine Nonne) sein, aber gewisse Berührungspunkte gibt es dennoch, denn sie lebt auf Menorca neun Monate im Jahr völlig allein. Wie erbt man eine Katze? Einmal hatte ich mein Haus auf der Insel den Winter über einem merkwürdigen, dem Alkohol nicht abgeneigten Iren überlassen, der auf den Namen JohnJohn hörte. Er hatte keine Bleibe, und Freunde rieten mir zu, da nicht bewohnte Häuser im Winter feucht werden, was den Büchern, die dableiben, nicht gut bekommt – wenn ich im Sommer auf die Insel zurückkehre, verströmen sie immer einen leichten Geruch von Schimmel und Einsamkeit. Als Gegenleistung sollte JohnJohn einen symbolischen Betrag entrichten. *Sollte* ist in diesem Fall das richtige Wort, denn er hat es nie getan. Was wir stattdessen bekamen, war Fledermaus. JohnJohn wusste nicht, wo er sie lassen sollte, versprach aber, sie am Ende des langen Sommers wieder zu übernehmen. Gesagt und nicht getan. Fledermaus sei, versicherte JohnJohn, »behandelt«, das Heer lediger Kater, das über die Insel zieht, brauche uns kein Kopfzerbrechen zu machen. Unsere einzige Sorge war von diesem Moment an Fledermaus. Sie heißt so, weil sie mit ihren rührenden Radarohren und flugartigen Manövern einer Fledermaus gleicht. Die Insel ist überzogen von Steinmauern, und wer Fledermaus einmal eine solche Mauer hat überwinden sehen, kann sich eigentlich nicht vorstellen, dass sie nicht auch einfach weiterfliegen könnte in die Stratosphäre.

Sehr schnell hatte sie uns adoptiert und im Anschluss daran dressiert. Essen um soundsoviel Uhr, Platz machen im Bett, wenn sie gegen vier Uhr nachts von der Jagd oder aus einer Disco zurückkommt, morgens sehr leise aufstehen (wir!), denn ihr Tag beginnt erst gegen elf – all die Dinge. Sie hatte sich ihrerseits das Geräusch unseres uralten Renault 5 eingeprägt, als Endpunkt einer logischen Abfolge: Geräusch entfernt sich, Abwesenheit der Hausgenossen oder zumindest eines der beiden, Geräusch kehrt zurück, Aufstellung am Tor, Begleitung des Hausgenossen in die Küche, Inspektion dessen, was Markt und Supermarkt diesmal geliefert haben, Festmahl.

Nach drei Monaten hatten wir uns aneinander gewöhnt. Das heißt, Fledermaus hatte sich daran gewöhnt, mehrmals am Tag Abschied von uns zu nehmen. Was sie dann trieb, war unklar. Meist zog sie in Richtung des Schweins der Nachbarn ab, doch weiter wünschte sie nicht verfolgt zu werden. Eigentlich müssten wir uns insofern über unseren eigenen Weggang im Herbst keine allzu großen Sorgen machen (»Die schlägt sich schon durch«), doch das gelingt uns nicht. Amsterdam ginge ja noch, aber ich kann keine Fledermaus nach Japan oder Australien mitnehmen. Außerdem ist dies hier ihr Territorium, ihr Jagdrevier, ihre Heimat, eine Stadt würde sie umbringen. Und trotzdem fühlen wir uns immer schuldig, wenn wir unser Sommerdomizil verlassen. Wie soll sie ohne uns auskommen? Acht, neun Monate lang? Als wir sie bekamen (und sie noch Mrs. Wilkins hieß, dieser lächerliche Name, den JohnJohn ihr gegeben hatte und den wir sofort abgeschafft haben), war sie noch klein. Hier war ihre Welt, doch sie so lange allein zurückzulassen stank nach Verrat. Sie selbst äußerte sich nie dazu, mit gelinder Verwunderung blickte sie auf die etwa zweihundert Dosen Whiskas, die wir eines Tages, Ende September, ins Haus schleppten, ließ sich aber weiter nichts anmerken, fragte auch nicht, ob wir nicht vielleicht doch den Winter über dableiben wollten. Mit Maria von gegenüber hatten wir abgesprochen, dass sie Fledermaus jeden Tag füttern käme, aber ob und wie das geschehen würde, mussten wir (und Fledermaus) abwarten. Der Tag unserer ersten Abreise war dramatisch, doch Fledermaus ersparte uns allzu große Scham, indem sie einfach verschwand. Wir fragten uns, wie es wohl für sie sein würde, wenn sie um vier Uhr nachts plötzlich niemanden mehr vorfinden, wenn niemand mehr mit frischem Fisch vom Markt kommen und ihr jeden Abend, pünktlich zum Sprung von der hohen Mauer, das Hauptgericht auftischen würde. Wir werden es nie erfahren. Manchmal rufen wir heute noch Maria aus einem fernen Land an und fragen, wie es *el gato* (Maria hält es für Unsinn, dass Fledermaus eine Frau sein soll) gehe, und sie antwortet unveränderlich, es gehe ihr gut. Was sie sich dabei denkt, wissen wir nicht, wahrscheinlich, dass wir sentimentale Narren sind, die unter Hunderten herrenloser Katzen auf der Insel just diese eine auserwählt haben für ein Leben mit eigenem Haus und Bedienung. Was Fledermaus selbst davon hält, ist nicht herauszubekommen. Sie schreibt nicht, geht nicht ans Telefon und führt kein Tagebuch. Wir wissen nur, dass es bei unserer ersten Rückkehr einen Tag dauerte, bevor wir sie zu Gesicht bekamen. Wahrscheinlich hat sie sich die Sache erst einmal aus der Ferne angeschaut, das Geräusch des Autos aus dem Archivschrank ihres Gedächtnisses ausgegraben, möglicherweise auch das unserer Stimmen; sicher ist, dass wir in jener ersten Nacht um vier Uhr plötzlich ein »Plopp« hörten und sahen, dass die bekannte Pelzjacke ihren Platz in der gewohnten Bettecke wieder eingenommen hatte.

So ging es über Jahre. Kummer beim Abschied, Freude bei der Rückkehr – unsererseits. *Sie* interessiert sich nicht für unsere Reiseberichte, Japan sagt ihr nichts, Amerika auch nicht, meine neuen Bücher liest sie grundsätzlich nicht, nicht einmal, wenn sie darin vorkommt *(Die folgen-*

de Geschichte), die einzige erkennbare Emotion zeigt sich beim Duft gegrillter Sardinen oder sonstiger Köstlichkeiten, die es im Winter nicht gibt. Nur manchmal, ganz hin und wieder und ohne dass wir wissen, warum gerade dann, sucht sie plötzlich einen Schoß auf und beginnt zu schnurren wie ein alter Schiffsmotor. Rätsel.

Einmal jedoch war alles anders bei unserer Rückkehr. Fledermaus erschien zwar, aber ihre Jacke war zerrissen, die Augen trüb und umflort, sie rupfte sich in einem fort große Büschel aus dem Fell, ein Auge tränte ständig, der Flor wurde von Tag zu Tag dunkler. Ausgeschlossen, sie in einen Reisekorb oder Käfig zu bekommen, folglich gingen wir selbst zur Tierärztin im Dorf, einem ernsthaften Mädchen, das aussah wie sechzehn und uns etwas von Gift, Würmern, Flöhen und sonstigem Ungemach erzählte. Ob die Katze gut fresse? Pausenlos. Aber trotzdem sei sie mager? Zum Erbarmen mager, ein Schemen. Ob wir garantieren könnten, dass sie zu Hause sei, wenn sie uns besuchte? Nein, das konnten wir nicht. Augentropfen, Pillen, das alles ging noch, solange ihr ein leckeres Stück Tintenfisch oder Kaninchen dazu gereicht wurde, doch jeder Versuch, sie in einen Katzenkorb zu kriegen, scheiterte, bis eine alte Dame uns den geräumigen Transportkäfig lieh, in dem ihr Pudel auf die Insel und wieder zurück reist. Inzwischen hatten wir die Adresse eines Tierarztehepaars in der Stadt bekommen. Auch dort sprachen wir zunächst ohne Fledermaus vor. Die junge deutsche Frau stand uns Rede und Antwort unter einer Bildergalerie von Hunden und Katzen, die allesamt keine Ähnlichkeit mit Fledermaus hatten. Wir verabredeten, dass wir sofort kommen könnten, wenn es uns gelungen sei, Fledermaus zu fangen. Nach drei Versuchen klappte es, und es war auf fürchterliche Weise unvergesslich, denn Fledermaus begriff nicht, was ein Käfig ist, und ihre Fassungslosigkeit, als sie endlich drin war, nahm die Form eines Lautes an, der aus einer dreihundertmal größeren Katze zu kommen schien, einem Untier, das irgendwo tief unter der Erde lebte, eine Art Geheul vor Angst, Kummer und Verrat, das sich noch steigerte, als sie hinten im Renault verstaut wurde, und erst verstummte, als sie im Wartezimmer durch ihre Gitterstäbe die anderen Katzen hinter deren Gitterstäben und dann einen erschreckend großen Hund erblickte, der leise winselnd dalag und zitterte, als sei es jeden Moment aus und vorbei mit ihm. Dies war mein erster Besuch bei einem Tierarzt. Der Doktor, jung, blond, fragte, ob Fledermaus wohl sehr wild werden würde, und ich musste gestehen, dass ich es bei Gott nicht wisse. Ich sah, dass sie aufs Äußerste angespannt in ihrem Käfig auf Zeit saß und die Umgebung mit einem Misstrauen beobachtete, das sie zu allem zu befähigen schien. So schlimm war es dann aber nicht. Der Griff, mit dem der junge Doktor sie mit einem Schwupp aus ihrem Gefängnis holte und, ohne Chance zu Gegenwehr, auf den Tisch drückte, war eine Meisterleistung. Danach begann das Betasten, Befühlen, das Öffnen ihres Raubtiermauls, die Untersuchung und Beurteilung des dort vorhandenen Waffenarsenals. Fledermaus grollte, rührte sich aber nicht, und mir wurde die Aufgabe zuteil, diesen brillanten Griff nachzumachen und sie auf dem Tisch zu halten. Ihr ganzer kleiner Leib schien zu pochen, als sei darin alles nur Herz, aber sie ließ es zu, dass ihre Pfote mit einem wunderbaren Katzenrasierer geschoren wurde. Blut, rot und dünn, wurde ihr abgezapft, und sie bekam eine Spritze mit einer Nadel, die angesichts ihrer eigenen Größe riesig wirkte. Danach durfte sie wieder mit, auf einmal neunjährig, denn das müsse, so der Doktor, ihr Alter sein. Als wir nach Hause kamen, schoss sie wie eine Rakete über die Mauer, wollte uns nie wieder sehen, beschloss, sich künftig ausschließlich mit den üblichen Eidechsen, kleinen Kröten, Heuschrecken und Feldmäusen zu begnügen, und erschien zwei Stunden später zum Mittagessen, als sei nichts geschehen. Aber *war* denn nun eigentlich irgendetwas geschehen? Drei Tage später bekamen wir den Befund, Nieren und Leber waren in Ordnung, der Flor würde in Kürze verschwinden, das Fell wieder glänzen, uns seien noch Jahre gemeinsamen Glücks beschieden. Es mussten lediglich noch ein paar Tropfen hier und winzigkleine Pillen dort verabreicht werden, aber so gesund, wie Fledermaus zu diesem Zeitpunkt bereits wieder war, bin ich noch nie gewesen.

Und jetzt? Der alljährliche Abschied rückt wieder einmal näher, die ersten Gewissensbisse regen sich. Fledermaus lässt sich nichts anmerken. Wenn wir mit dem Essen beginnen, springt sie auf die Mauer und streckt sich, mit dem Hintern zu uns, auf ihr aus. Beim Hauptgericht hält sie mit, auch wenn sie selbst längst gegessen hat. Danach verschwindet sie, Richtung Schwein, in der Dunkelheit. Um vier stellen wir die Uhr nach ihr, und wenn die Sonne aufgeht, schleichen wir vorsichtig aus dem Zimmer. Es ist wohl, kurzum, so, dass Katzen an die Ewigkeit glauben – solange man nicht mit einem Käfig ankommt.

Fledermaus' Ewigkeit sollte noch acht Jahre währen. In der meinen, die, im Verhältnis betrachtet, genauso kurz sein wird, sehe ich ihren Schemen zuweilen noch zwischen den Kakteen umherstreifen, eine graue Hausgöttin, die Bäume und Menschen gegen Blattläuse, Winterstürme und plötzliche Trübsal beschützt.

DONNA LEON

Tigger

Tigger ist ein ganz gewöhnlicher grauweiß gestreifter Kater mit einem weißen Fleck unterm Kinn und einem linken Ohr, dem die Spitze fehlt, womit die Tierärzte im Kanton Graubünden markieren, dass er kastriert worden ist. Vor sieben Jahren, im Jahr der Vielen Katzen, tauchte er hinter meinem Haus in den Bergen auf und reihte sich geduldig in die Warteschlange vor den Futternäpfen neben der Tür zum Garten. Wenn ich mich recht erinnere, waren es insgesamt sieben in jenem Jahr, abgesehen von gelegentlichen Besuchen der Nachbarskatzen, die sich über den Speiseplan meiner Gartenwirtschaft informierten.

Nach und nach fielen die Katzen den Widernissen der freien Wildbahn zum Opfer: Kälte, Schnee, Motorrädern, Autos, Mardern und Füchsen. Jeden Frühling kehrten weniger von ihnen zurück. Minnie (die Minnie Maus verblüffend ähnlich sah), Big Black Bruiser (ein großer schwarzer Kater mit dem Gang eines Schlägers), Minnie Minnie (Minnies Baby) und Daphne (die sich als Männchen entpuppte): Sie alle erschienen irgendwann nicht mehr zur ersten Dinnerparty des Jahres. Und so ging es weiter, bis am Ende nur noch der treue Tigger übrig blieb.

Er war stets binnen wenigen Minuten zur Stelle, aber nur, wenn ich länger als ein paar Wochen weg gewesen war.

Entweder lag er im Keller auf der Lauer, oder aber er hatte mir einen Computerchip eingepflanzt. Ganz gleich, zu welcher Zeit ich eintraf, kaum hatte ich meinen Koffer abgestellt, stand Tigger vor der Tür. Ich hätte mir gern eingebildet, seine goldenen Augen strahlten mich vor Freude über das Wiedersehen an, doch ich wusste natürlich, er hatte nur Hunger.

An diesem Computerchip lag es wohl auch, dass ich eilig ein halbes Schälchen Brekkies und einen Napf Wasser mit etwas Milch holen lief. Er selbst blieb draußen, trotzte der Witterung, ob Kälte, Regen, Schnee oder Meteoritenschauer.

Eines Morgens vor zwei Jahren jedoch, im Spätherbst, ging ich in den Garten und sah ihn in der Schlafkuhle, die er sich unter dem ersten Apfelbaum links von der Tür hergerichtet hatte. Er blickte auf wie immer, sprang aber nicht hoch wie immer. Er lag nur da, hob ein wenig den Kopf und starrte mich an. Ich starrte zurück, denn mir war klar, da konnte etwas nicht stimmen. Als ich einen Schritt auf ihn zumachte, versuchte er sich zu erheben. Es gelang ihm nicht. Ich wich zurück und sprach beruhigend auf ihn ein, während mir Motorräder, Autos und nachts auf Beutefang gehende Raubtiere durch den Kopf schossen.

Wieder machte ich einen Schritt auf ihn zu, und wieder versuchte er zu fliehen. Ich fuhr zum Tierarzt und suchte Rat. Aussichtslos, eine wilde Katze mit einem Netz einfangen zu wollen: Das Tier würde zu entkommen versuchen und sich dabei nur noch mehr verletzen. Blieb nur, ihm Wasser hinzustellen und abzuwarten.

Einen Napf mit Wasser zu füllen und ihm mit einem

Besen hinzuschieben war nicht das Problem. Doch Tigger rührte es nicht an.

Ich besprach die Angelegenheit mit dem pensionierten Förster, der Tigger gut kannte, weil auch er ihn, vermute ich, im Winter regelmäßig fütterte. Ohne sich näher darüber auszulassen, erbot er sich, am nächsten Tag vorbeizukommen und Tiggers Leiden ein Ende zu machen. Ich schlug das Angebot aus und ging nach Hause, wo Tigger noch immer unter dem Baum lag und den Kopf gerade weit genug hob, dass er mir beim Himbeerpflücken zusehen konnte.

An diesem Abend konnte ich Tigger nur Gute Nacht wünschen und zu Bett gehen; lange lag ich wach und wartete, aber kein Fuchs oder Marder ließ sich vernehmen, kein Geräusch eines letzten Kampfs. Am Morgen ging ich nachsehen.

Er war weg, und ich versuchte mir einzureden, was auch immer geschehen sein mochte, sei schnell und schmerzlos gewesen, und Tigger sei in den großen Kreislauf der Natur zurückgekehrt. Er war mir ans Herz gewachsen, auch wenn ich ihn nie berührt hatte, ihm nie näher als bis auf zwei Meter gekommen war, jenen Sicherheitsabstand, den die Erfahrung ihn gelehrt hatte. Seine Neugier fehlte mir, mit der er mir bei der Arbeit im Garten zugesehen hatte, seine Gesellschaft, wenn ich die Blumen goss, und sein Taktgefühl: Nicht ein einziges Mal hatte er mir einen toten Vogel vor die Hintertür gelegt. Als Haustier war Tigger ein hoffnungsloser Fall, und dennoch war er eine wunderbare Katze: unabhängig, eigenständig, höflich.

Es wurde Frühling, und keine Katze kam. Ich stellte weiterhin Fress- und Wassernäpfe hin, vielleicht kamen ja neue Katzen unterm Zaun hindurch und entdeckten dieses herrliche Fleckchen Erde.

Eines Aprilmorgens, verdächtig nah an Ostern, kam ich nach unten und sah zur Hintertür hinaus. Und erblickte eine gestreifte Katze, der die linke Ohrspitze fehlte und die zu mir hereinspähte. Um das Tier nicht zu verschrecken, rührte ich mich nicht. Mit dem vertrauten Doppelsprung sah ich es linkerhand im Kellerfenster verschwinden, das ich den ganzen Winter offen gelassen hatte (man kann ja nie wissen).

Ich füllte eine Schale mit Brekkies und ging barfuß und im Nachthemd fröstelnd zu der üblichen Stelle, schüttete die Brekkies aus, wandte mich um und sagte möglichst ruhig: »Pip pip, tiddily pom«, so wie ich ihn sieben Jahre lang zum Frühstück gelockt hatte. Tigger sprang aus dem Kellerfenster, wartete, bis ich mich aus der Zwei-Meter-Sperrzone entfernt hatte, und machte sich über sein Frühstück her.

CAROLINE ALEXANDER

Mrs. Chippys letzte Expedition in die Antarktis

20. Januar Tiefgekühlte Robbe zum Frühstück. Mangels Kielwasser keine Heckwache. Robbe auch mittags und abends. Früh ab in die Koje, gegen Mitternacht wieder raus zwecks Kontrollgang. Überprüfte nochmals meinen Freßnapf für den Fall, daß Blackborow vor dem Schlafengehen noch ein bißchen was hineingetan hätte, was aber nicht der Fall war. Ging im Laderaum auf Mäusejagd, mit gutem Erfolg. Fing zwei Prachtexemplare und beschloß, eines davon meinen Kameraden von der zweiten Wache zu spendieren. Schlich den Niedergang hinauf und fand Cheetham, der sich die Füße am Ofen wärmte; er hatte den Kopf in die Hände gestützt und wirkte irgendwie bedrückt. Gab ihm miauend zu verstehen, daß ich ihm etwas mitgebracht hatte, und präsentierte behutsam meine Maus. »Herr im Himmel, Chippy!« rief er und fuhr freudig zusammen. »Ist die für mich?« Demonstrierte die Funktionsweise einer Maus, indem ich diese mehrmals anschubste, schüttelte usw. »Ach, Chippy, mein Freund«, lachte er und hob mich auf seine Knie zwecks eines kleinen Gedankenaustausches zwischen alten Kameraden. »Du bist genau das, was mir der Doktor für lange, einsame Nächte verschrieben hat.« Ich machte es mir auf seinem Schoß bequem, begann zu schnurren und ließ mich am Feuer rösten. Irgendwie muß ich dann eingenickt sein, denn als ich erwachte, lag ich auf Cheethams Pullover, und Crean stocherte im Ofen herum. Ging nochmals meinen Napf kontrollieren und schlüpfte dann zu meinem Kumpel in die Koje. Nachtarbeit zehrt nun mal an den Kräften – deswegen hat der Seemann ein so hartes Leben.

21. Januar Mangels Kielwasser keine Heckwache. Ruder total vereist, so daß ein paar Mann über Bord mußten, um es loszuhacken. Das war etwas für Spezialisten, dazu brauchten sie mich nicht, außerdem war es ziemlich kalt; also begab ich mich wieder nach unten und versah meinen Dienst in der Kombüse und in der Messe. Erwachte, als die anderen mit ihren schweren Stiefeln dahergepoltert kamen. »Bitte zum Tee, Mrs. Chippy!« rief Crean, während Blackborow und Cookie die Teekannen hereintrugen. Plötzlich trat dieser Lees mit seiner roten Nase und seinem verkniffenen Mund an unseren Tisch. »Ich war der Meinung, Mrs. Chippy dürfe nicht in die Messe«, raunzte er, »darauf haben wir uns bei der letzten Besprechung doch geeinigt.« Lees ist ein so ungeselliger Mensch, daß ich mich wundere, wie die anderen mit ihm auskommen. Erstens war das gar keine »Besprechung«, sondern nur ein Hin- und Hergerede, bei dem jemand beiläufig erwähnte, meine Kompetenzen lägen schwerpunktmäßig in der Kajüte meines Kumpels und in der Kombüse, aber das sind eben Dinge, die man so dahersagt, ohne sich viel dabei zu denken. Und zweitens war das vor einer Ewigkeit, noch bevor es einen festen Dienstplan gab und sich alles schön eingependelt hatte, darum konnte man das damals gar nicht ernst nehmen. Und überhaupt, wie der schon aussieht, dieser Lees, mit seinen Ohrenklappen und seiner rosaroten Nase – genau wie eine Maus! »Ich dachte, damit sei die Sache ein für allemal geregelt«, fing er wieder an mit seinem weinerlichen Gefiepe. »Ach, hör doch auf«, schnauzte Cheetham, »dir kann es doch egal sein, wo Mrs. Chippy rumläuft! Mal abgesehen davon«, und dabei zauste er mir auf kameradschaftliche Art das Fell, »daß Chippy eine angenehmere Gesellschaft ist als gewisse andere Leute hier in der Messe.« Alle lachten, außer Lees, der wurde noch röter und quengelte weiter: »Wozu gibt es ein Reglement, wenn sich doch niemand daran hält? Erst war's die Kombüse, dann die Kajüten, jetzt auch noch die Tische in der Offiziersmesse!« Ich dehnte meine Glieder, gähnte, machte einen Buckel und ließ mich dann wieder auf dem Tisch nieder zum Zeichen, daß ich nun endlich gerne etwas zu essen gehabt hätte. Da trat der Boß ein. »Gibt's schon Tee?« fragte er, und während er von Blackborow eine Tasse in Empfang nahm, sprang ich vom Tisch herunter, um respektvoll meinen Kopf an seinen Stiefelschäften zu rubbeln. »Hallo, Chippy!« sagte er gutgelaunt und streichelte mich. »Na, was hast du mir heute von deinem Wachgang zu berichten?« Lees verkrümelte sich mit seinem Buch in eine Ecke, und ich begleitete Sir Ernest an seinen Platz, um ausführlich Rapport zu erstatten.

25. Januar Unsanft erwacht vom Dröhnen der Maschinen und weil alles bebte. Frühstücksnapf nur zu drei Vierteln gefüllt und nicht, wie Blackborow es sonst immer macht, bis zum Rand. Auf Deck ein Hin- und Hergerenne, knatternde Segel, heulende Hunde usw., usf. Mein Posten am Heck bereits besetzt, so daß ich mich mühsam zwischen Cheethams und Bakewells Stiefeln hindurchwinden mußte. Schraube lief wie ein Sahneschläger auf höchsten Touren und produzierte prächtigen Schaum. Marston, der am Heck gar nichts zu suchen hat und sowieso immer nur im Weg steht, trat mir beinahe auf die Pfoten. An dem allgemeinen Durcheinander waren nicht zuletzt die Hunde schuld. Wie soll man sich bei so einem Radau auf seine Arbeit konzentrieren! Wurde fast zwischen Creans Stiefeln zerquetscht. »Herrje, Chippy, Entschuldigung!« rief er, als ich empört miaute. »Hoffentlich nichts passiert, Mrs. Chips?« Er hob mich hoch und brachte mich nach Backbord. »Besser, wenn du die Sache von hier aus im Auge behältst.« Bezog den mir vom Zweiten Offizier zugewiesenen Posten – wer an einer Polarexpedition teilnimmt, muß stets bereit sein, ohne Voranmeldung überall einzuspringen. Mein Kumpel und ein paar Mann, alle mit Sägen und Äxten bewaffnet, gingen von Bord, um das Eis loszuhacken. Beobachtete von der Reling aus, wie ein Eisblock unter dem Schiff hervor in die Luft schoß und Crean über den Haufen schmiß. Er rappelte sich ächzend hoch, wobei er in meine Richtung schielte, um zu beobachten, wie ich ihn beobachtete. Fuhr fort, meine Kameraden zu beaufsichtigen, bis der Boß alle Mann in die Messe befahl, wo es heiße Getränke gab. Er sagte, wir könnten nichts tun als geduldig abzuwarten, bis der Wind oder die Strömung das Schiff wieder flottmachten. Meiner Meinung nach hätte man sich die ganze Übung ersparen können – aber das kommt eben davon, daß gewisse Leute den Kopf verlieren und nicht merken, wo sie hintrampeln, und sich in anderer Leute Arbeit einmischen. Ich kann mir vorstellen, daß der Boß so etwas gar nicht schätzt. Überlegte mir, am besten mit dem guten Beispiel voranzugehen und mich befehlsgemäß in Geduld zu üben, d.h. bis auf weiteres zu schlafen.

29. Januar Stellte beim Aufwachen fest, daß man das Feuer im Kesselraum irgendwann im Lauf der letzten Tage hatte ausgehen lassen. Das finde ich schade, es war mir nämlich immer ein besonderes Anliegen, den Heizern einen Besuch abzustatten; sie hatten da unten ein warmes Plätzchen auf einem Haufen Lumpen nahe beim Kessel. Draußen war es ziemlich unfreundlich, mausgrauer Himmel, die See wie gefrorene Milch. Beobachtete von meinem Posten auf der Reling aus die Leute mit den Schlitten. In der Ferne sahen sie wie Robben aus. Und was tun unterdessen die sogenannten Schlittenhunde, das soll mir mal einer sagen! Auf dem Eis sind sie jedenfalls nicht und ziehen natürlich auch keine Schlitten, woher denn! Die lassen es sich in ihren Zwingern gutgehen und machen wie üblich einen Heidenlärm. Aber es heißt ja nicht umsonst: »Ein fauler Hund tut keinen Streich, es sei denn, man prügelt ihn windelweich.« Begab mich kurz vor dem Tee in die Kombüse für den Fall, dass Blackborow früher als planmäßig fertig war.

30. Januar Heute wurde auf dem Eis ein Fußballspiel veranstaltet, wobei es sehr laut und lustig und unterhaltsam zuging. Einige meiner Kameraden spielen recht gut, wenn auch nicht so gut, wie sie meinen; jedenfalls schafft es keiner, den Ball in vollem Lauf mit den Vorderpfoten zu erwischen. Das ist eine Kunst und nicht jedem gegeben. Ich habe früher oft mit der Tochter meines Kumpels gespielt und immer viel Beifall geerntet, wenn ich über den Rasen sprintete und ihr den Ball abjagte, ohne auch nur ein einziges Mal zu stolpern. So gut wie ich kann das keiner hier. Hinterher trabten alle schwitzend und lachend die Gangway hoch. Später am Abend wurde gesungen. Ich verspürte ein merkwürdiges Kribbeln in den Pfoten, bis ich dann zufällig eine der Schachfiguren fand, mit denen Hurley und Hussey zuvor gespielt hatten. Ich schubste sie versuchsweise ein bißchen herum, und als ich merkte, daß sie tadellos funktionierte, schubste ich etwas stärker, verfolgte sie, als sie davonrollte, und hatte bald den richtigen Kick heraus. Meine Kameraden ließen alles liegen und stehen und sahen staunend zu, wie ich über die Dielen dribbelte; dann fingen sie an zu lachen und zu johlen, und Cheetham wollte mir die Schachfigur abjagen, doch ich habe ihn ausgetrickst. »Wo warst du denn heute nachmittag, Mrs. Chips, als wir dich dringend gebraucht hätten?« fragte der Skipper. Plötzlich fühlte ich mich sehr müde, aber auf eine angenehme Art, und ich ging zu meinem Kumpel hinüber. »Ja, Chippy ist und bleibt der Champion«, sagte er und hob mich auf seine Knie. Wirklich ein höchst befriedigender Tag.

JULIA FRANCK

Die Schöne aus Siam im kalten Norden

Zehn Jahre alt war ich, als ich ganz allein vom Nord-Ostsee-Kanal im äußersten Norden Deutschlands mit dem Bus nach West-Berlin fuhr, um dort eine alte Freundin unserer Familie zu besuchen. Ich mochte das Reisen sehr, das Abenteuer und auch diese Freundin. Sie war, wie die meisten Freunde meiner Mutter, Anfang der 70er Jahre aus Ost-Berlin geflohen und lebte im Westen der Stadt in einer Altbauwohnung mit stuckreichen Decken, klapprigen Fenstern und Kohleöfen am Kreuzberger Chamisso-Platz. In ihrer Wohnung hing ein süß-säuerlicher Duft, der wohl von dem Gras rührte, das sie in meiner Vorstellung von ihren ausgedehnten Reisen durch Indien mitbrachte, wie auch von den beiden Katzen, Brüderlein und Schwesterlein, die sich in ihrer indisch-berliner Welt gern paarten. Schon als mich die Freundin vom Busbahnhof abholte, erzählte sie mir, dass ihre Katze gerade geworfen habe, und so mussten wir auf Strümpfen und leisen Sohlen durch ihre Wohnung gehen – denn ihre Katze war diesmal besonders scheu. An den Strümpfen hingen Büschel seidiger Haare, an den Pullovern, an den Hosen. Ihre beiden Katzen waren äußerlich gewöhnliche Hauskatzen, doch dieses Mal war ein kleines Wunder geschehen. Unter den schwarzen und gestromten Katzenkindern fand sich ein weißes. Das leuchtende Fell und ihre blauen Augen stachen aus dem Gewimmel und verrieten nicht nur den Inzest – ihr gemeinsamer und längst vergessener Urgroßvater war ein Siamkater –, sondern auch die ferne exotische Herkunft ihrer Eltern.

Die überaus nervöse Mutter trug das kleine weiße Knäuel im Maul von einem Versteck ins nächste, stets an einen von ihren beiden gewöhnlichen Kindern getrennten Ort. Sie war so beschäftigt mit ihrem weißen Sonderling, dass die Geschwisterkatzen tagein, tagaus nach ihrer Mutter maunzten und in der Säugung zunehmend benachteiligt waren. Blaue Augen, weißes Fell, braune Zeichnung – zierliche Pfoten, ein feines Gesicht, eine grazile Anmut, die später, mit zunehmender Größe noch deutlicher werden sollten. Ich verliebte mich auf der Stelle in das Tier. Sie war erst drei Wochen alt – am Ende meines Besuches würde sie knappe vier Wochen sein. Die Freundin zeigte mir, wie ich sie füttern könnte, mit viel Geduld, Zärtlichkeit und einer Pipette, in der sich Babymilch und später verdünnte Kuhmilch befand. Auch Wärme brauchte sie, weil sie ja noch so klein und weltfremd und ängstlich war. Also nahm ich die Schöne unter meiner Jacke im Bus mit nach Audorf. Für die Reisezeit hatte ich ihr ein Handtuch unter meine Jacke gestopft, aber es machte mir nichts aus, als sie auch meinen Pullover durchnässte.

Zuhause angekommen, waren meine Schwestern begeistert. Sie neckten mich, weil ich tagelang bei meinem Baby saß, es fütterte, liebkoste und ihm ein Bett in meinem Bett bereitete – außerhalb schien es mir eindeutig zu kalt. Schon am ersten Tag bemerkte ich, wie sie das Lammfell in meinem Bett nach Zitzen absuchte und bald beharrlich an dem rötlichen Fell saugte, dabei ihre Tatzen in das Fell stemmte, damit etwas süße und warme Milch flösse. Das Fell lag in meinem Bett, weil ich sonst vor Kälte nicht einschlafen konnte. Von nun an lag mein kleines Katzenkind neben mir, saugte und übte ihr erstes wohliges Schnurren, wenn ich sie streichelte und kraulte, ihren Rücken, ihre Kehle, ihren Bauch – von Tag zu Tag wusste ich besser, was ihr gefiel. Wie sie denn heißen solle? Wollten meine Schwestern wissen, aber ich konnte mich nicht entscheiden. Viel wichtiger erschien es mir bald, sie von der mühsamen Fütterungsprozedur mit verdünnter Kuhmilch aus der Pipette nunmehr in winzigen Rationen an feste Nahrung zu gewöhnen. Ich wagte es nicht, ihr als Erstes ein Stück Leber oder einen Fisch anzubieten, sie war ja noch viel zu klein und hatte noch nie etwas Festes zu sich genommen. Es musste leicht verdaulich sein. Damals gab es keine große Auswahl unter dem käuflichen Katzenfutter. Es erschien mir unermesslich teuer, mein Taschengeld langte für eine Dose pro Woche, für jede weitere Dose würde ich hundert Werbezettel aus dem Supermarkt in den umliegenden Dörfern verteilen müssen. Kaum sahen mich meine Schwestern mit der Dose im Arm, riefen sie glucksend: Kitekat, Kitekat, Kitekat! Ich ließ ihnen ihren Spott und Neid. Nach weiteren Tagen und Wochen war dieser Name nicht mehr zu verändern. Also hieß sie Kitekat. Je größer sie wurde, desto graziler, feiner und schöner erschien sie mir. Da das Futter aus der Dose zu teuer war und nicht mehr reichte, fuhr ich freitags nach der Schule mit dem Rad am Markt vorbei und bat die Fischfrau, mir die Köpfe, Schwänze und

Eingeweide zu geben, die sie nicht verkaufen konnte. Nur auf die Gallenblase musste ich achten, denn die konnte alles verderben. Manchmal legte sie mir einen kleinen Fisch dazu, der ihren Kunden nicht schön und frisch genug war. So machte ich mich mit meiner stinkenden Tüte am Lenker auf den Weg nachhause. Dort empfing mich meine Schöne maunzend, strich mir um die Beine und konnte es kaum erwarten, bis ich ihr eine rohe Kleinigkeit aus der Tüte schenkte. Mit bloßen Händen prüfte ich den schlammig-schleimigen Inhalt meiner Tüte auf grobe Gräten und übersehene Gallenblasen, trennte sie aus den sonstigen Organen, betrachtete die feinen Lamellen der Lungen und die unterschiedliche Zeichnung von Flossen und Finnen, legte alles in einen großen Topf, goss Wasser darauf und stellte den Topf auf den Herd. Nach kurzer Zeit köchelte der Sud, ich schüttete Haferflocken dazu, die für Knochen und Fell und Verdauung gut sein sollten, außerdem sorgte die Stärke für eine gewisse Eindickung des Fischkopfragouts während des Erkaltens. Die Augen wurden weiße Kugeln und fielen bisweilen aus ihren Höhlen. Ich füllte das Ragout in drei bis vier Marmeladegläser und hatte das Essen meiner Schönen für die kommende Woche zusammen. Dazu gab es Wasser und an ihren Geburtstagen und sonstigen Festtagen eine frische Leber.

Warum ich das alles erzähle? Nun, weil es wohl in gewisser Weise die Initiation zu Verantwortung und Fürsorge war – und damit zu einem besonderen Liebesweg. Indem ich mein Baby, das bald nur noch eine exotische Schöne auf den Äckern und Koppeln des holsteinischen Flachlands und an den langen Ufern des Kanals war, auf diese Weise hegte und umsorgte, war ihr Gedeih und Schicksal mit meinem untrennbar verbunden. Wenngleich ihre siamesische Herkunft nicht anzweifelbar war, erschien sie mir von der fast schlangenhaften Schönheit der Ägypterinnen. Jede Darstellung der ägyptischen Tempelkatzen auf den Tafeln archäologischer Sammlungen und wie ich sie vor wenigen Jahren erst in Kairo sehen konnte, erinnerte mich an das Profil meiner eleganten, geschmeidigen und wunderschönen Katze. Während ich tagsüber in der Schule war, stromerte sie über die Wiesen, kam ich nachhause und rief aus vollem Halse ihren Namen, dauerte es einige Minuten, bis ich sie mit unfasslichem Tempo durch das Unterholz heranjagen hörte, sie flog mir entgegen – endlich, so empfand ich es, gab es ein Wesen auf der Welt, das mir entgegeneilte, das sich auf meine Rückkehr freute, auf mein Dasein, meine Sorge – und ich gab ihr das Futter und reinigte ihre Katzentoilette, die sie nur im Winter und nachts sehr selten benötigte – da sie weit über die Knicke unserer Koppeln hinaus ein großes Revier hatte. Manchmal brachte sie mir kleine Vögel und Mäuse.

Wenn sie Flöhe hatte, puderte ich sie, doch meine Schwestern waren genervt, und meine Mutter schickte mich zum Tierarzt. Die Tierärztin empfahl ein Flohhalsband und wollte sie gern impfen, wie sie alle Katzen ihrer Kunden gern impfte, wenigstens gegen das Nötigste, Katzenseuche – aber auch regelmäßige Wurmkuren empfahl sie. Meine Mutter erschrak, als sie die Rechnung der Tierärztin las, und sprach sich entschieden gegen sämtliche Impfungen und weiteren Behandlungen aus. Die wolle nur ihr Geld verdienen. Als meine Schöne nach ihren weiten Streifzügen zum ersten Mal schwanger geworden war, wartete ich mit ihr die Zeit ab und half ihr, den geeigneten Ort für ihre Niederkunft zu finden. In dem alten und weitläufigen Bauernhaus, in dem wir damals lebten, ein Haus mit Strohdach, Tenne und etwa neun kleinen Zimmerchen und Kämmerlein, gab es für sie nur einen Bezug: mein halbes Kämmerlein in der hintersten Ecke des Hauses. Ihre Kinder wollte sie in meinem Bett kriegen. Weniger weil ich die Mühe des nachfolgenden Reinigens fürchtete, sondern weil ich ihren Babys ein anderes Nest als mein Bett weisen wollte, legte ich ihr das Schaffell, an dem sie nach wie vor gern saugte, in ein Körbchen unter meinen Schreibtisch direkt neben die Heizung. Dort bekam sie ihre ersten Kinder, zwei tote, zwei lebende. Ein knappes Jahr später warf sie ein zweites Mal, und es überlebten alle drei. Ich war zwölf, und das Leben mit Kitekat gehörte für mich zu den Bezugspunkten meines Alltages, die Fürsorge, das Futter, die Zärtlichkeit, die Freiheit, die wir einander ließen, ihr Eigensinn, all dies ergänzte meine Träumereien und Traurigkeiten, doch eines Tages bemerkte ich ihre Schlappheit. Sie wollte kaum essen, lag auf ihrem Fell in meinem Bett und schlief und nieste. Ihr sonst so kühler Kopf fühlte sich von Tag zu Tag wärmer an, sie trank kaum noch – und schließlich brachte ich sie heimlich zu der Tierärztin. Traurig schüttelte die Tierärztin den Kopf, sie habe Katzenseuche. In seltenen Fällen könnten Tiere diese Krankheit überleben, ich müsse dafür sorgen, dass sie in den kommenden Stunden und Tagen trinkt – denn sie würde sehr wahrscheinlich innerlich austrocknen.

Zuhause saß ich den ganzen Tag neben ihr, versuchte ihr

mit der Pipette Wasser einzuflößen, sie wollte und konnte nicht mehr aufstehen, ihr Fell färbte sich gelblich, die Augen wurden immer trüber. In der ersten Nacht stellte ich mir alle halbe Stunde einen Wecker, in der zweiten Nacht konnte und wollte ich vor Angst nicht mehr schlafen, alle zehn Minuten versuchte ich ihr tröpfchenweise Wasser einzuflößen, aber Kitekat miaute mit quälenden Lauten, ihr Maul war so trocken, dass es zusammenzukleben schien. Wenn ich am Rücken ihr Fell anhob, blieb es stehen, so ausgedörrt war mein Tier. Am folgenden Tag weigerte ich mich, in die Schule zu gehen, weil ich doch meine Katze retten wollte. Ich saß mit der Pipette in der Hand stundenlang neben ihr, redete ihr gut zu, sie möge ihr Köpfchen heben, ihr Mäulchen öffnen, sich ihre Zunge benetzen lassen, ich weinte und flüsterte und beschwor sie; aber sie starb. Von einer Minute auf die andere. Es war mittags, vielleicht ein oder zwei Uhr, sie jaulte, ihr Körper streckte sich, und im ersten Moment war ich froh, weil ich inbrünstig auf ein Signal des Lebens gehofft hatte, auf eine Kraft, die in sie zurückkehren sollte – aber es war ihr letztes Strecken.

Ich weinte hemmungslos, ich schluchzte, bis mir der Hals weh tat und ich mich schämte vor meiner Familie, den Schwestern und der Mutter, die wie von Ferne zusahen und denen ich mich plötzlich umso fremder fühlte. Im Norden gibt es kaum Rituale des Todes und der Trauer. Es hängen keine Kreuze an Wegscheiden und auf Gipfeln und am Waldesrand. Kein Toter wird im Sarg von einem langen Zug der trauernden Verwandten und Freunde aus seinem Haus abgeholt und durch das ganze Tal zur Kirche getragen, wie ich es vor wenigen Jahren im Südtiroler Langtaufers beobachten konnte. Nirgends hängen Bilder der Toten, nicht in den warmen Stuben, nicht im Gasthaus und erst recht auf keinem Stein. Kein Gedenken nirgends, der nordische Deutsche trauert allein.

Meine siamesische Schönheit habe ich auf dem roten Lammfell in ihrem Körbchen ruhen lassen, vergeblich versuchte ich ihre ehemals strahlend blauen Augen zu schließen, die nach einer halben Stunde schon festes Gallert zeigten und keinerlei Glanz mehr hatten, habe Schätze gesucht und zu ihr in das Fell gelegt und habe das Fell über ihrem feingliedrigen Körper zugeschlagen. Mit dem Spaten grub ich ein Loch unter meinem Walnussbaum, der noch heute neben dem kleinzimmrigen, strohgedeckten Haus steht. Der Baum war vom Vater meiner älteren Schwester einmal in den 70er Jahren für mich in Ost-Berlin gepflanzt worden, in einem Rahnsdorfer Garten – mein Lebensbaum. Er war mit vielen Formularen und Anträgen samt Wurzeln 1980 dort ausgegraben und in den Westen nach Schleswig-Holstein verschickt worden, wo er feierlich wieder in die Erde gesetzt wurde – wie auch der andere Walnussbaum, der meiner Zwillingsschwester –, während der meiner älteren Schwester schon zu groß war, um ihn umzusiedeln – er steht vielleicht noch heute im Osten Berlins im Rahnsdorfer Garten. Da uns das strohgedeckte Haus am Nord-Ostsee-Kanal nicht gehört hatte, sondern nur gemietet war, wohnen heute schon seit vielen, vielen Jahren fremde Menschen dort.

Die siamesische Schönheit, die einmal mein kleines Baby war, begrub ich dort unter Tränen – und wurde in den kommenden Monaten nicht mehr froh. So zog ich selbst im folgenden Sommer, kaum dreizehn Jahre alt, aus diesem Haus aus, fort vom Kanal, von meiner Mutter und dem Baum. Der Baum konnte auch ohne mich wachsen und gedeihen, das wusste ich zu gut. Ich hoffe sehr, die heutigen Bewohner des Hauses essen die Nüsse meines Baumes und erweisen meiner siamesischen Schönheit damit alle Ehre, die so ein Kreislauf des Lebens verlangt.

DORIS LESSING

Rufus

Die Ereignisse warfen ihre Schatten voraus – schon Monate vorher. Während des Frühlings und Sommers tauchte, wenn ich auf dem Gehweg vorüberging, unter einem Wagen oder aus einem Vorgarten ein räudiger roter Kater auf; er stand einfach da, war unübersehbar, hob den Kopf und sah mich unverwandt an. Er wollte etwas, aber was? Katzen auf dem Gehweg, Katzen auf Gartenmauern oder Katzen, die einem aus Hauseingängen entgegenkommen, strecken sich, bewegen den Schwanz, grüßen, gehen ein paar Schritte mit. Sie wollen Gesellschaft, oder sie bitten, wenn sie den ganzen Tag oder die Nacht von strengen Besitzern ausgesperrt werden, was häufig vorkommt, um Hilfe mit einem lauten, hartnäckigen Miau, das bedeutet, daß sie hungrig oder durstig sind oder frieren. Eine Katze, die sich an der Straßenecke an deine Beine schmiegt, mag vielleicht überlegen, ob sie ein schlechtes Zuhause gegen ein besseres eintauschen kann. Aber dieser Kater miaute nicht. Er sah mich nur nachdenklich und durchdringend mit gelb-grauen Augen an. Dann begann er langsam, mir auf dem Gehweg zu folgen, ohne den Blick abzuwenden. Er stellte sich ein, wenn ich nach Hause kam und wenn ich das Haus verließ, und er ging mir nicht mehr aus dem Kopf. War er hungrig? Ich brachte ihm Futter hinaus und legte es unter ein Auto; er fraß etwas, ließ den Rest aber liegen. Und doch war er in Not, verzweifelt, das wußte ich. Hatte er in unserer Straße ein Zuhause, war es schlecht? Am häufigsten schien er sich ein paar Häuser entfernt aufzuhalten, und als einmal eine alte Frau in dieses Haus ging, folgte er ihr. Also war er nicht heimatlos. Doch er gewöhnte sich an, mir bis zu unserem Tor zu folgen, und als einmal eine Kinderflut über den Gehweg tobte, zog er sich erschrocken in unseren kleinen Vorgarten zurück und beobachtete mich an der Haustür.

Er hatte Durst, nicht Hunger – oder er war so durstig, daß der Hunger weniger wichtig war. Das war im Sommer 1984 mit den Zeiten anhaltender Hitze. Katzen, die den ganzen Tag ohne Wasser ausgesperrt waren, litten. Ich stellte eines Abends eine Schale mit Wasser vor den Hauseingang, und am nächsten Morgen war sie leer. Als die Hitze anhielt, stellte ich eine zweite Schale auf den rückwärtigen Balkon, der über einen Fliederbaum oder mit einem mächtigen Sprung von einem kleinen Dach aus zu erreichen war. Und auch diese Schale war jeden Morgen leer. Eines heißen staubigen Tages kauerte der rote Kater vor der Wasserschale auf dem Balkon und trank und trank … Er trank das ganze Wasser und wollte mehr. Ich füllte die Schale, und wieder kauerte er sich davor und trank alles. Das bedeutete, daß mit seinen Nieren etwas nicht stimmte. Jetzt konnte ich ihn in aller Ruhe betrachten. Es war ein zerzauster Kater, unter dessen schmutzigem, struppigem Fell die Knochen hervortraten. Aber er hatte eine wunderschöne Farbe, wie Feuer, wie ein Fuchs. Es war, wie man sagt, ein »richtiger« Kater mit seinen zwei pelzigen Bällchen unter dem Schwanz. Seine Ohren waren eingerissen und narbig von Kämpfen. Nun war er nicht mehr auf der Straße, wenn ich aus dem Haus ging und zurückkam, er war von der Vorderseite der Häuser und dem gefahrvollen Leben mit den schnellen Autos und den lärmenden, tobenden Kindern zur Rückseite umgezogen in die Szenerie der langen, ungepflegten Gärten, der Bäume und Sträucher, der vielen Vögel und Katzen. Er kam auf unsern kleinen Balkon mit den Topfpflanzen, der von einer niedrigen Mauer begrenzt wird. Die Zweige des Fliederbaums, immer voller Vögel, hängen darüber. Er lag im schmalen Schatten der Mauer, die Wasserschüssel war ständig leer, und wenn er mich sah, erhob er sich und wartete neben der Schüssel auf mehr.

Inzwischen hatten die Hausbewohner begriffen, daß wir eine Entscheidung treffen mußten. Wollten wir noch eine Katze haben? Wir hatten bereits zwei schöne, große und träge, kastrierte Kater, denen es immer so gut ging, daß sie glaubten, das Leben sei ihnen Futter, Bequemlichkeit, Wärme und Sicherheit schuldig. Sie mußten niemals um etwas kämpfen. Nein, wir wollten nicht noch eine Katze und ganz sicher keine kranke. Aber inzwischen trugen wir außer Wasser auch Futter zu dem alten Streuner hinaus und stellten es auf den Balkon, damit er wußte, es war eine Gefälligkeit, kein Recht; er gehörte nicht zu uns und durfte nicht ins Haus. Wir nannten ihn im Spaß unseren »Freilandkater«.

Das warme Wetter dauerte an.

Man hätte ihn zum Tierarzt bringen müssen. Aber das hätte bedeutet, daß er unsere Katze war, daß wir nun drei

Katzen hätten, und unsere beiden Kater waren beleidigt, mißtrauisch und gekränkt wegen des Neuankömmlings, der Rechte auf uns zu haben schien, wenn auch begrenzte. Außerdem, was war mit der alten Frau, die er manchmal besuchte? Wir beobachteten ihn, wie er steifbeinig den Gartenweg entlangging, rechts abbog und unter dem Zaun hindurchkroch, einen Garten durchquerte, dann noch einen, wobei sein Rot sich leuchtend von dem stumpfen Spätsommergras abhob, und dann verschwand – vermutlich an der Hintertür eines Hauses, wo er willkommen war.

Das warme Wetter war vorüber, und es begann zu regnen. Der rote Kater stand im Regen auf dem Balkon, das Fell war vom tropfenden Wasser gestreift, und er sah mich an. Ich öffnete die Küchentür, und er kam herein. Ich sagte ihm, er könne einen Stuhl haben, aber nur diesen einen; das sei sein Stuhl, und mehr dürfe er nicht verlangen. Er kletterte auf den Stuhl, legte sich hin und sah mich unverwandt an. Er benahm sich wie jemand, der weiß, daß er das Beste aus dem machen muß, was das Schicksal bietet, bevor es ihm wieder genommen wird.

Wenn es nicht regnete, blieb die Tür zum Balkon, zu den Bäumen und dem Garten immer offen. Wir schließen ungern alles mit Glas und Gardinen aus. Und er konnte noch den Fliederbaum benutzen, um in den Garten hinunterzukommen und sein Geschäft zu verrichten. Den ganzen Tag lag er auf dem Stuhl in der Küche, den er nur manchmal schwerfällig verließ, um noch eine Schale Wasser zu trinken. Er fraß jetzt viel. Er konnte nicht an einer Wasserschüssel oder einem Teller mit Futter vorbeigehen, ohne etwas zu trinken oder zu fressen, denn er wußte, er durfte sich nie auf etwas verlassen.

Er war ein Kater, der ein Heim gehabt, es aber verloren hatte. Er wußte, was es bedeutete, eine Hauskatze, ein Haustier zu sein. Er wollte gestreichelt werden. Seine Geschichte war vertraut. Er hatte ein Zuhause gehabt, menschliche Freunde, die ihn liebten oder glaubten, ihn zu lieben; aber es war kein gutes Zuhause, denn die Menschen gingen oft weg, und er mußte sich selbst Schutz und Futter suchen. Oder sie kümmerten sich um ihn, solange es ihnen paßte, zogen dann aus der Gegend fort und ließen ihn zurück. Einige Zeit war er im Haus der alten Frau gefüttert worden, offenbar jedoch nicht ausreichend, oder er hatte kein Wasser bekommen. Inzwischen sah er besser aus. Aber er putzte sich nicht. Natürlich war er steif, aber er war enttäuscht worden, ohne Hoffnung. Vielleicht hatte er geglaubt, er werde nie mehr ein Zuhause finden. Nach ein paar Tagen, als er wußte, wir würden ihn nicht wegjagen, begann er jedesmal zu schnurren, wenn wir in die Küche kamen. Nie habe ich oder hat jemand, der zu uns kam, eine Katze so laut schnurren gehört wie ihn. Er lag auf dem Stuhl, seine Flanken hoben und senkten sich, und sein Schnurren dröhnte durch das Haus. Wir sollten wissen, er war dankbar. Es war ein berechnendes Schnurren.

Wir bürsteten ihn. Wir säuberten sein Fell für ihn. Wir gaben ihm einen Namen. Wir brachten ihn zum Tierarzt und bekannten uns dazu, daß wir eine dritte Katze hatten. Seine Nieren waren angegriffen. Er hatte ein Geschwür in einem Ohr. Ein paar Zähne fehlten. Er litt an Arthritis oder Rheumatismus. Sein Herz hätte gesünder sein können.

Nein, eine alte Katze war er nicht, vermutlich acht oder neun Jahre alt, in den besten Jahren, wenn er gut versorgt worden wäre. Aber er hatte allein gelebt, so gut er konnte, und das vielleicht seit längerer Zeit. Großstadtkatzen, die sich ihr Futter selbst suchen, die betteln und bei schlechtem Wetter im Freien schlafen müssen, leben nicht lange. Er wäre bald gestorben, wenn wir ihn nicht gerettet hätten. Er nahm seine Antibiotika und die Vitamine und begann bald nach dem ersten Tierarztbesuch mit der beschwerlichen Prozedur des Putzens. Aber er war zu steif, um alle Stellen zu erreichen, und mußte sich mühen und anstrengen, eine gepflegte Katze zu sein.

All das spielte sich in der Küche ab, und meist auf dem Stuhl, den zu verlassen er sich fürchtete – sein Platz. Sein kleiner Platz. Sein Halt im Leben. Und wenn er auf den Balkon hinausging, ließ er uns nicht aus den Augen, falls wir ihm die Tür vor der Nase zumachen sollten, denn mehr als alles andere fürchtete er, ausgesperrt zu werden. Und bei jeder Bewegung, die aussah, als wollten wir die Tür schließen, kam er steifbeinig herein und kletterte auf seinen Stuhl.

Er saß gern auf meinem Schoß; wenn er das geschafft hatte, ging es los, er schnurrte und blickte mit seinen klugen graugelben Augen zu mir auf: Siehst du, ich bin dankbar, und ich sage es dir.

Eines Tages, als die Richter über sein Schicksal in der Küche Tee tranken, sprang er von seinem Stuhl und ging bedächtig zur Tür, durch die man den Rest des Hauses erreicht. Dort blieb er stehen, drehte sich um und sah uns eindringlich an. Er hätte nicht deutlicher fragen können:

Darf ich weiter gehen – ins Haus? Darf ich eine richtige Hauskatze sein? Inzwischen hätten wir ihn gern dazu eingeladen, aber unsere beiden anderen Katzen schienen ihn nur tolerieren zu können, wenn er blieb, was er war – eine Küchenkatze. Wir deuteten auf seinen Stuhl, und er kletterte geduldig wieder hinauf. Eine Weile lag er reglos und enttäuscht da und setzte dann schnurrend die Flanken in Bewegung.

Selbstverständlich kamen wir uns schrecklich grausam vor.

Ein paar Tage später sprang er vorsichtig vom Stuhl, ging wieder zur Tür, blieb stehen und blickte sich fragend nach uns um. Diesmal sagten wir nicht, daß er zurückkommen muß, und so drang er ins Haus vor, wenn auch nicht weit. Er fand einen geschützten Platz unter einer Badewanne, und dort blieb er. Die anderen Katzen kamen, um nachzusehen, wo er war, und erkundigten sich bei uns, wie wir darüber dachten, aber wir fanden, die beiden jungen Prinzen könnten ihr gutes Leben mit ihm teilen. Draußen war es Herbst und dann Winter, und wir mußten die Küchentür schließen. Aber was war mit den Toiletten-Problemen der neuen Katze? Nun wartete der Kater an der Küchentür, wenn er hinausmußte, aber draußen wollte er nicht auf das kleine Dach springen oder den Fliederbaum hinunterklettern, denn er war zu steif. Er benutzte die Töpfe, in denen die Pflanzen zu wachsen versuchten, deshalb stellte ich ihm eine Kiste mit Torf hin, und er verstand und benutzte sie. Es war lästig, die Torfkiste zu leeren. Unten im Haus gibt es eine Katzentüre, die direkt in den Garten führt, und unsere beiden jungen Kater hatten nie, nicht ein einziges Mal das Haus beschmutzt. Ob es regnet, schneit oder stürmt, sie gehen nach draußen.

Das also war die Situation, als der Winter begann. Abends waren die Menschen und die beiden rechtmäßig ins Haus gehörenden Katzen im Wohnzimmer, und Rufus saß unter der Badewanne. Eines Abends stand Rufus in der Tür des Wohnzimmers; es war ein dramatischer Auftritt, denn damit machte die Verkörperung der Entrechteten, der Gekränkten, der Verletzten ihre Anwesenheit bei den Geborgenen, den Gefütterten, den Privilegierten bemerkbar. Er warf den beiden Katzen, seinen Rivalen, einen kurzen Blick zu, hielt aber die intelligenten Augen auf uns gerichtet. Was würden wir sagen? Wir sagten: Gut, er kann den alten mit Styroporkügelchen gefüllten Ledersack an der Heizung haben. Die Wärme wird für seine schmerzenden Knochen gut sein. Wir machten eine Mulde in den Sack, und er kletterte hinein, rollte sich vorsichtig zusammen und schnurrte. Er schnurrte und schnurrte, er schnurrte so laut und so lange, daß wir ihn bitten mußten, damit aufzuhören, denn wir konnten unser eigenes Wort nicht verstehen – im wahrsten Sinne des Wortes. Wir mußten den Fernseher lauter stellen. Aber er wußte, er hatte Glück, und wir sollten wissen, daß er den Wert dessen erkannte, was er bekam. War ich oben im Haus, zwei Stockwerke höher, konnte ich das rhythmische Dröhnen hören, das bedeutete, Rufus war wach und erzählte uns von seiner Dankbarkeit. Vielleicht schlief er auch und schnurrte im Schlaf, denn wenn er einmal angefangen hatte, hörte er nicht wieder auf, sondern lag zusammengerollt mit geschlossenen Augen da, und seine Flanken bewegten sich auf und ab. Rufus' Schnurren hatte etwas Maßloses und Anstößiges, denn es war so berechnend. Und während wir diesen Veteranen, der nur deshalb noch nicht tot war, weil er seine Intelligenz gebraucht hatte, beobachteten und ihm zuhörten, wurden wir an die Gefahren, an die Abenteuer und die Härten erinnert, die hinter ihm lagen.

Aber unseren beiden anderen Katzen gefiel dies nicht. Die eine heißt Charles, ursprünglich Prince Charlie – nicht nach dem derzeitigen Träger dieses Namens, sondern nach früheren romantischen Prinzen –, denn er ist ein forscher und hübscher Tigerkater, der es versteht, sich in Szene zu setzen. Je weniger man über seinen Charakter sagt, desto besser – aber hier geht es nicht um Charles. Die andere Katze, der ältere Bruder mit dem Charakter eines älteren Bruders, hat einen langen offiziellen Namen, den er erhielt, nachdem er kein Kätzchen mehr war und seine Eigenschaften erkennbar wurden. Wir nannten ihn General Pinknose den Dritten. Damit bezeugten wir ihm unsere Hochachtung und erinnerten uns vielleicht daran, daß einen auch die umsorgteste Katze eines Tages verlassen wird. Wir hatten dieses zarte Eiscreme-Rosa schon bei früheren, weniger beeindruckenden Katzen gesehen, allerdings an der Spitze von nicht ganz so edel geformten Nasen. Wie manche Menschen erhält auch er andere Namen, wenn die Zeit etwas Neues ans Licht bringt, und vor kurzem wurde er wegen seiner moralischen Kraft und seiner Fähigkeit, ein stummes Urteil über ein Ereignis abzugeben, eine Zeitlang zum Bischof und hieß Bischof Butchkin. Diese beiden Katzen lagen mit dem Kinn auf den Vorderpfoten an ihren Plätzen und beobachteten Rufus, ohne sich zu äußern. Charles sitzt immer unter einer Heizung, aber Butchkin liebt den Platz auf einem hohen Korb, wo er alles im Auge behalten kann. Er ist eine prachtvolle Katze. Die Nähe hatte meinen Blick getrübt: Ich wußte, daß er hübsch ist, aber ich kam von einer Reise zurück und stand tief beeindruckt vor dieser großen Katze mit dem auffallend glänzend schwarz und makellos weiß gezeichneten Fell, den gelben Augen und weißen Schnurrhaaren, und ich dachte daran, daß diese Schönheit durch Pflege und gutes Futter aus gewöhnlichem Wald-und-Wiesen-Erbgut hervorgegangen war. Ein unkastrierter Kater, der bei jedem Wetter unterwegs sein und um eine Katze kämpfen muß, würde nicht so aussehen, wäre kleiner oder zumindest mager, flink und von Kämpfen gezeichnet. Nein, ich bin über das Kastrieren von Katzen nicht glücklich, ganz im Gegenteil.

Aber diese Geschichte handelt nicht von El Magnifico – das ist der Name, der am besten zu ihm paßt.

Wenn Charles glaubte, daß wir nichts merkten, versuchte er, Rufus in eine Ecke zu drängen und ihn einzuschüchtern. Aber Charles hat nie kämpfen müssen, Rufus jedoch sein Leben lang. Rufus war so gebrechlich, daß ihn der Hieb einer entschlossenen Pfote umgeworfen hätte. Doch er setzte sich auf die Hinterbeine und verteidigte sich mit harten, erfahrenen Blicken, mit seiner vorsichtigen Geduld und Standhaftigkeit. Es gab keinen Zweifel, was geschehen würde, falls Charles in Hiebweite kam. Was El Magnifico betraf, so war er über Kämpfe auf dieser Ebene erhaben.

Während all der Wochen, in denen Rufus wieder zu Kräften kam, verließ er das Haus nur, um die Torfkiste auf dem Balkon aufzusuchen. Dort verrichtete er sein Geschäft, hielt dabei den Blick auf uns gerichtet, und wenn es aussah, als könnte ihn die Tür aussperren, miaute er leise und erschrocken und stakste wieder ins Haus. Er fürchtete selbst jetzt noch, er könnte seine Zuflucht verlieren, die er nach langer Heimatlosigkeit, nach solch qualvollem Durst gefunden hatte. Er hatte Angst, eine Pfote nach draußen zu setzen.

Der Winter ging langsam vorüber. Rufus lag auf seinem Ledersack, schnurrte jedesmal, wenn er daran dachte, beobachtete uns und beobachtete die beiden anderen Katzen, die ihn beobachteten. Dann unternahm er den nächsten Schritt. Inzwischen wußten wir, er tat nichts ohne einen sehr guten Grund; er überlegte sich alles, und dann handelte er. Butchkin, die schwarzweiße Katze, ist der Boß. Er stammt aus einem Wurf von sechs Kätzchen und wurde in diesem Haus geboren. Er erzog seine Geschwister genauso, wie seine Mutter es tat: sie war weniger eine schlechte als eine erschöpfte Mutter. Es stand immer außer Frage, wer in diesem Wurf dominierte. Nun entschloß sich Rufus zu dem Versuch, die Nummer eins zu werden. Nicht durch Stärke, denn die fehlte ihm, sondern indem er seine Stellung als kranker Kater ausnutzte, der viel Aufmerksamkeit erhielt. Der General, El Magnifico Butchkin, legte sich jeden Abend eine Weile neben mich auf das Sofa, um sein Recht auf diesen Platz zu unterstreichen, ehe er auf seinen Lieblingskorb sprang. Der Platz neben mir war der beste Platz, weil Butchkin ihn dafür hielt: Charles war zum Beispiel dort nicht zugelassen. Aber nun verließ Rufus bewußt den Ledersack, so wie er bewußt zur Küchentür gegangen war und sich dort umgedreht hatte, um zu sehen, ob wir ihn ins Haus lassen würden, so wie er in der Wohnzimmertür gestanden hatte, um herauszufinden, ob wir erlaubten, daß er sich der Familie anschloß – so kam Rufus nun langsam zu mir, kletterte zuerst mit den Vorderpfoten, dann mühsam mit den Hinterpfoten hoch und setzte sich neben mich. Er sah Butchkin an. Dann die Menschen. Schließlich warf er einen beiläufigen Blick auf Charles. Ich jagte ihn nicht vom Sofa. Ich konnte es nicht. Butchkin sah ihn nur an und gähnte nachdrücklich (und erhaben). Ich war der Ansicht, er sollte Rufus zwingen, zu seinem Ledersack zurückzugehen. Aber er unternahm nichts, er beobachtete nur. Wartete er darauf, daß ich handelte? Rufus legte sich wegen seiner schmerzenden Gelenke vorsichtig nieder. Und schnurrte. Alle Menschen, die mit Tieren zusammenleben, kennen Augenblicke, wenn sie sich nach einer gemeinsamen Sprache sehnen. Das war ein solcher Augenblick. Was war mit Rufus geschehen, wie hatte er gelernt, zu taktieren und zu planen, wie war er zu einer Katze geworden, die wirklich dachte? Sicher, er war von Natur aus intelligent, aber Butchkin und Charles waren das auch. (Es gibt sehr dumme Katzen.) Gut, er war mit diesen oder jenen Eigenschaften geboren worden. Aber ich habe noch nie eine Katze erlebt, die in der Lage war, so zu überlegen, ihren nächsten Schritt so zu planen, wie Rufus es tat.

Er lag neben mir; nachdem er, noch vor wenigen Wochen ein Ausgestoßener, es auf den besten Platz im Wohnzimmer geschafft hatte, schnurrte er. »Pssst, Rufus, wir können unsere eigenen Gedanken nicht mehr hören.« Aber wir hatten keine gemeinsame Sprache, konnten ihm nicht erklären, daß wir ihn nicht hinauswerfen würden, wenn er aufhörte zu schnurren und danke schön zu sagen.

Wenn wir ihn zwangen, seine Medikamente zu schlukken, gab er kleine Protestlaute von sich: Vermutlich sah er darin den Preis, den er für einen Zufluchtsort zahlen mußte. Wenn wir ihm die Ohren säuberten und es weh tat, fluchte er, aber nicht über uns: Es war das ganz allgemeine Fluchen von einem, der oft genug Anlaß dazu gehabt hatte. Dann leckte er uns die Hände, um zu zeigen, daß er nicht uns meinte, und begann wieder zu schnurren. Wir streichelten ihn, und er ließ sein rauhes, anerkennendes Brummen ertönen.

Butchkin der Prächtige sah zu und machte sich seine Gedanken. Sein Charakter hatte viel mit Rufus' Schicksal zu tun. Er ist zu stolz, um mit jemandem zu konkurrieren. Wenn er sich ganz oben im Haus vertraulich mit mir unterhält, und Charles kommt ins Zimmer, springt er einfach vom Bett oder vom Sessel und geht nach unten. Er toleriert nicht nur keine Konkurrenz, die er seiner für unwürdig erachtet, er duldet auch keine Gedanken, die nicht um ihn kreisen. Wenn ich ihn halte und streichle, müssen sich meine Gedanken auf ihn richten. Butchkin streicheln, während ich lese, das gibt es nicht. Sobald meine Gedanken abschweifen, weiß er es, springt hinunter und verschwindet. Aber er ist nicht nachtragend. Wenn Charles sich schlecht benimmt und ihn plagt, versetzt er ihm vielleicht einen Hieb, aber dann, noblesse oblige, schenkt er ihm ein verzeihendes Lecken.

Eine solche Persönlichkeit erniedrigt sich nicht, indem sie mit irgendeiner Katze um den ersten Platz kämpft.

Eines Tages stand ich mitten im Zimmer und sprach mit Butchkin, der zusammengerollt auf seinem Korb lag, als Rufus vom Sofa sprang, sich vor meine Beine stellte und Butchkin ansah, als wollte er sagen: Mich hat sie lieber. Das geschah langsam und mit Absicht; er war nicht emotional oder unbesonnen oder impulsiv – alles Eigenschaften, die Charles im Übermaß besaß. Rufus hatte alles geplant, er war ruhig und bedächtig. Er hatte sich zu einem letzten Versuch entschlossen, die Nummer eins zu werden, mein Liebling, und Butchkin auf den zweiten Platz zu verweisen. Aber das duldete ich nicht. Ich deutete auf das Sofa, und er blickte in einer Weise zu mir auf, die, wäre er ein Mensch gewesen, bedeutet hätte: Es war immerhin einen Versuch wert. Er ging zurück zum Sofa.

Butchkin hatte meine Entschlossenheit zu seinen Gunsten bemerkt. Er kommentierte sie nur damit, daß er seinen Platz verließ, sich um meine Beine wand und wieder hinaufsprang.

Rufus hatte den Versuch gemacht, die Nummer eins zu werden, und war gescheitert.

TOVE JANSSON

Die Katze

Die Katze war sehr klein, als sie kam. Milch konnte sie nur aus der Saugflasche trinken. Zum Glück war Sophias Nuckel noch auf dem Dachboden. Anfangs lag die kleine Katze in der Kaffeemütze, doch als sie auf eigenen Beinen stehen konnte, durfte sie in Sophias Bett in Sophias Spielhäuschen schlafen. Die Katze hatte ihr eigenes Kissen neben Sophias Kopfkissen.

Sie war eine graue Fischerkatze, und sie wuchs rasch. Eines Tages verließ sie das Spielhäuschen und zog hinauf ins Haus. Dort verbrachte sie ihre Nächte in der Kiste für das ungespülte Geschirr, die unterm Bett stand. Die Katze hatte nämlich schon da ihren ganz eigenen Kopf. Sophia trug sie wieder zum Spielhäuschen zurück, sie tat alles, um sich einzuschmeicheln, aber je mehr sie ihre Liebe zeigte, desto schneller war die Katze wieder oben in der Geschirrkiste. Wenn die Kiste zu voll wurde, schrie die Katze, und dann musste irgendjemand spülen. Die Katze hieß Ma Petite und wurde Mappe genannt.

»Komisch ist das mit der Liebe«, sagte Sophia. »Je mehr man den anderen liebt, desto weniger kann einen der andere leiden.«

»Das stimmt genau«, bestätigte die Großmutter. »Und was macht man da?«

»Man liebt weiter«, antwortete Sophia drohend. »Man liebt noch viel, viel mehr.«

Ihre Großmutter seufzte und schwieg.

Mappe wurde zu allen netten Plätzen getragen, die einer Katze eigentlich gefallen müssten, dort sah sie sich um und ging ihrer Wege. Sie wurde umarmt und zärtlich platt gedrückt, ertrug es höflich und kroch in die Geschirrkiste. Die verborgensten Geheimnisse wurden ihr anvertraut, doch sie wandte ihren gelben Blick ab, und nichts auf der Welt schien diese Katze zu interessieren außer Schlafen und Essen.

»Weißt du was«, sagte Sophia, »manchmal glaube ich, dass ich Mappe hasse. Ich schaffe es nicht mehr, sie zu lieben, muss aber die ganze Zeit an sie denken!«

Woche um Woche wurde die Katze von Sophia verfolgt. Sophia redete mild auf sie ein und schenkte ihr Trost und Verständnis, nur ganz selten riss ihr mal die Geduld, dann brüllte sie kurz und zog die Katze am Schwanz. Da fauchte Mappe und fuhr zischend unters Haus, und hinterher hatte sie einen größeren Appetit und schlief noch länger als sonst, eingerollt in ihre unnahbare Weichheit, die Pfote anmutig über die Schnauze gelegt.

Sophia hörte auf zu spielen und bekam Albträume. Sie konnte an nichts anderes mehr denken als an die Katze, die nicht anhänglich sein wollte. Unterdessen wuchs Mappe und wurde zu einer mageren, wilden kleinen Katze, und in einer schönen Juninacht kehrte sie nicht in ihre Geschirrkiste zurück. Am nächsten Morgen kam sie ins Haus, streckte sich, zuerst die Vorderbeine mit in die Luft gerecktem Hinterteil, dann die Hinterbeine, schloss die Augen und begann ihre Krallen am Schaukelstuhl zu wetzen. Danach sprang sie aufs Bett, um zu schlafen. Die ganze Katze strahlte eine ruhige Überlegenheit aus.

Sie hat angefangen zu jagen, dachte die Großmutter.

Sie hatte recht. Schon am nächsten Morgen kam die Katze ins Haus und legte einen kleinen graugelben Vogel auf die Schwelle. Der Hals war fein säuberlich abgebissen, und auf dem glänzenden Federkleid glitzerten ein paar rote Blutstropfen. Sophia wurde blass. Unverwandt betrachtete sie den ermordeten Vogel. Mit kleinen, steifen Seitenschritten ging sie an der Mörderin Mappe vorbei, machte kehrt und stürzte hinaus.

Später erwähnte die Großmutter, wie eigenartig es doch sei, dass Raubtiere, zum Beispiel Katzen, den Unterschied zwischen einem Vogel und einer Ratte nicht begreifen könnten.

»Dann sind sie dumm«, sagte Sophia kurz. »Eine Ratte ist scheußlich, und ein Vogel ist nett. Ich werde drei Tage lang nicht mit Mappe sprechen.« Und sie sprach nicht mehr mit ihrer Katze.

Jede Nacht verschwand die Katze im Wald, morgens schlug sie ihre Beute und trug sie ins Haus, um bewundert zu werden, und jedes Mal wurde der Vogel ins Meer geworfen. Kurz darauf stand Sophia draußen vor dem Fenster und schrie: »Kann man reinkommen? Ist die Leiche weggeräumt?« Sie bestrafte Mappe und vergrößerte ihren eigenen Schmerz durch fürchterliche Drastik. Manchmal schrie sie: »Habt ihr die Blutflecken weggewaschen?« Oder: »Wie viele sind heute ermordet worden?« Und das Frühstück war nicht mehr das, was es einmal war.

Es war eine große Erleichterung, als Mappe endlich lernte, ihre Schandtaten zu verstecken. Eine Blutpfütze zu sehen ist etwas ganz anderes, als nur von ihr zu wissen. Vermutlich fand Mappe das ewige Geschrei und Gezeter lästig, vielleicht glaubte sie auch, die Familie esse ihre Vögel auf. Eines Morgens, als die Großmutter ihre erste Zigarette auf der Veranda rauchen wollte, fiel ihr das Mundstück hinunter und rollte in eine Bodenritze. Die Großmutter nahm eines der Bretter hoch, und da sah sie, was Mappe getan hatte – eine Reihe säuberlich abgenagter, kleiner Vogelgerippe. Natürlich hatte sie gewusst, dass die Katze weiterhin jagte, denn das konnte sie nun mal nicht lassen, aber als Mappe sich das nächste Mal im Vorbeigehen an ihrem Bein rieb, wich sie zurück und flüsterte: »Du schlauer kleiner Satansbraten.« Die Katzenschüssel, in der Plötzen lagen, blieb unberührt neben der Treppe stehen und zog Fliegen an.

»Weißt du was«, sagte Sophia. »Ich wollte, Mappe wäre nie geboren worden. Oder ich wäre nie geboren worden. Das wäre viel besser gewesen.«

»Ihr sprecht also immer noch nicht miteinander?«, fragte die Großmutter.

»Kein Wort«, antwortete Sophia. »Ich weiß nicht, was ich tun soll. Es macht überhaupt keinen Spaß, ihr zu verzeihen, wo es ihr doch ganz egal ist!« Und die Großmutter wusste nicht, was sie darauf sagen sollte.

Mappe wurde eine wilde Katze und kam nur noch ganz selten ins Haus. Sie hatte die Farbe der Insel, ein helles Graugelb mit streifenartigen Schattierungen, die an Felsen oder Sonnenflecken auf sandigem Meeresgrund denken ließen. Wenn die Katze durchs Strandgras schlich, glichen ihre Bewegungen dem Spiel des Windes in den Halmen. Stundenlang lag sie lauernd im Gebüsch, eine unbewegliche Silhouette, zwei spitze Ohren gegen den Sonnenuntergang, plötzlich verschwunden. Und dann ein kurzes Piepsen, nur ein einziges Mal. Vom Regen durchnässt und dünn wie ein Strich, verschwand sie unter den geduckten Ufertannen, und wenn die Sonne wieder hervorkam, putzte sie sich voller Wollust.

Mappe war eine vollkommen glückliche Katze, aber sie ließ niemanden an ihrem Glück teilhaben. An heißen Tagen rollte sie sich auf der glatten Felsenplatte, ab und zu fraß sie Gras und würgte nach Katzenart ruhig und friedlich ihre eigenen Haare wieder heraus. Und was sie in der Zeit dazwischen tat, das wusste niemand.

Eines Samstags kam die Familie Övergård zu Besuch. Sophia ging ans Ufer hinunter und besah sich ihr Boot. Es war groß und voller Tüten und Benzinkanister und Körbe, und in einem der Körbe miaute eine Katze. Sophia hob den Deckel hoch, und die Katze leckte ihr die Hand. Die Katze war groß und weiß und hatte ein breites Gesicht. Als Sophia sie in den Arm nahm und an Land trug, schnurrte sie unentwegt.

»Aha, du hast die Katze gefunden«, stellte Övergårds Anna fest. »Sie ist lieb, fängt aber keine Mäuse, deswegen wollten wir sie eigentlich euch schenken.«

Sophia setzte sich mit der schweren Katze im Arm aufs Bett. Die Katze schnurrte pausenlos. Sie war weich und warm und unterwürfig.

Der ganze Tauschhandel verlief sehr einfach, mit einer

Flasche Rum als Unterpfand. Mappe wurde eingefangen, und erst als Övergårds Boot zum Dorf hinüber unterwegs war, begriff Sophia, was eigentlich passiert war.

Die neue Katze hieß Svante und war ein Kater. Svante fraß Plötzen und hatte es gern, wenn man ihn streichelte. Er zog in das Spielhäuschen ein und schlief jede Nacht in Sophias Armen, und jeden Morgen kam er zum Frühstück ins Haus und schlief im Bett neben dem Herd weiter. Wenn die Sonne schien, rollte er sich auf dem warmen Felsen.

»Nein, da nicht!«, rief Sophia. »Das ist Mappes Platz!« Sie trug Svante ein Stück weg, er leckte ihr die Nase ab und rollte sich brav an der neuen Stelle.

Der Sommer wurde immer schöner, eine lange Reihe ruhiger, blauer Sommertage. Jede Nacht schlief Svante mit der Schnauze an Sophias Wange.

»Ich bin schon komisch«, sagte Sophia. »Schönes Wetter geht mir auf die Nerven.«

»Tatsächlich?«, sagte ihre Großmutter. »Dann bist du genau wie dein Großvater, der mochte Sturm auch so gern.« Aber bevor sie dazu kam, mehr über den Großvater zu reden, war Sophia schon wieder gegangen.

Und allmählich kam irgendwann nachts ein ganz vorsichtiger Wind auf, der am Morgen schon ein anständiger Südwest war und Schaum über den ganzen Berg sprühte.

»Wach auf«, flüsterte Sophia. »Wach auf, mein Schatz, draußen ist Sturm!«

Svante schnurrte und streckte seine bettwarmen Beine in alle Richtungen, das Leintuch war voller Katzenhaare.

»Steh auf!«, schrie Sophia. »Draußen ist Sturm!« Aber Svante drehte bloß seinen breiten Bauch auf die andere

Seite. Da packte Sophia plötzlich ein ganz fürchterlicher Zorn, sie trat die Tür auf, schmiss den Kater in den Wind hinaus und sah, wie er die Ohren anlegte.

»Los! Jage! Tu etwas! Benimm dich wie eine Katze!«, schrie sie. Dann fing sie an zu weinen und lief zum Haus hinauf und hämmerte an die Tür des Gästezimmers.

»Was ist denn jetzt los?«, fragte die Großmutter.

»Ich will Mappe zurückhaben!«, schrie Sophia.

»Aber du weißt doch, wie es dann wird«, sagte die Großmutter.

»Es wird schrecklich«, sagte Sophia ernst. »Aber ich kann nur Mappe lieben.«

Und damit tauschten sie die Katzen wieder aus.

LIATY PISANI

Katzenmutter

Ada hatte keine Ahnung, wann sich die Kälte ihres Sohnes zum ersten Mal offenbart hatte. Wahrscheinlich schon vor langer Zeit, auch wenn ihr das erst jetzt aufging. Tatsächlich hatte sie sein gelegentlich ungeduldiges Auftreten und seine scharfen Bemerkungen weder wahrnehmen noch deuten wollen, dasselbe galt für ihre Gespräche, die inzwischen so ganz anders verliefen als früher.

Sie war zweifellos blind gewesen. Als sie sich nun den Tatsachen stellen musste, war es, als drehte sie das Messer in der Wunde um.

Eine Geldangelegenheit hatte das Kartenhaus einstürzen lassen, das sie über Jahre hartnäckig aufrechterhalten hatte.

Während sie in dem alten, von den Krallen ihrer früheren Katzen zerschrammten Designersessel saß und solch trostlosen Gedanken nachhing, näherte sich geräuschlos ihre Britisch Kurzhaar Artù und fing an, ihr um die Beine zu streichen. Der Kater merkte es immer sofort, wenn sie traurig oder verzweifelt war.

Und dazu bestand Grund genug: Ihren einzigen Sohn hatte sie verloren, fast als wäre er unter einen Bus geraten oder an einer tödlichen Krankheit gestorben. Aber so war es nicht. Giovanni war gesund und munter, doch sie hatten keinen Kontakt mehr zueinander. Ihr Sohn hatte sie nicht nur aus seinem Leben gestrichen, sondern versuchte noch dazu, einen Prozess gegen sie anzustrengen und ihr das letzte Geld abzuknöpfen, das ihr von ihrem Erbe geblieben war.

Das Telefon klingelte, ihre Freundin Gloria wollte wissen, wie es ihr ging.

»Ich bin immer noch fassungslos. Es stimmt tatsächlich, dass einem das Herz wehtut. Ich dachte immer, das sind nur Redensarten: gebrochenes Herz, Herzschmerz, na ja, so rührseliges Zeug eben …«

»Dass dir das Herz wehtut, glaube ich gern!«, meinte Gloria. »Dein Sohn ist ein Verbrecher. Wie kann man seiner Mutter so etwas antun, noch dazu einer Mutter wie dir? Da hat bestimmt diese Frau, die er geheiratet hat, ihre Finger im Spiel. Aber wenn er sich auf diese Art manipulieren lässt, ist er wirklich ein Schwächling, ein zügelloser Mensch ohne jedes Ehrgefühl.«

»Sieht so aus, als müsste ich mir einen Anwalt nehmen«, sagte Ada.

»Tu das! Du musst dich wehren, bevor er dich noch ins Armenhaus bringt. Der ist doch völlig verrückt!«, schimpfte Gloria. »Dabei war er als kleiner Junge immer so lieb und anhänglich!«

»Was soll ich machen, Gloria, *that's life*, wie die Engländer sagen. Die würden mir wohl raten, Tee zu trinken und abzuwarten«, sagte Ada, um Ironie bemüht. »Tja, damit hätte ich jedenfalls nie im Leben gerechnet.«

Sie war selbst erstaunt über die Banalität ihrer Worte, aber andere fielen ihr nicht ein. Sie kam sich vor wie ein angeschlagener Boxer.

»Hör zu«, fuhr Gloria fort, »ich suche dir einen Anwalt, einen, der dich aus diesem Schlamassel herausholt, zumindest, was die praktische Seite angeht.«

»Und woher soll ich das Geld dafür nehmen?«

»Ich kümmere mich darum. Bleib du nur ruhig, sonst wirst du mir noch krank. Heute Abend rede ich mit Giorgio. Er weiß bestimmt Rat.«

Gloria und ihr Ehemann, ein Bankier, gehörten zu den wenigen Menschen, die zu Ada hielten, auch jetzt, da sie – im Alter von siebzig Jahren – jeden Cent umdrehen musste und ihre Zukunft alles andere als rosig aussah.

Während Gloria noch redete, gingen Ada die Worte durch den Kopf, die Villefort im *Grafen von Monte Christo* an seine ehemalige Geliebte richtet, als diese seine Rache fürchtet: »Worüber beklagt Ihr Euch, gnädige Frau? Ihr seid reich, und das ist in unserem Alter das Einzige, das zählt.«

In der Tat, dachte sie, was sonst zählte noch in ihrem Alter außer ein Leben in Würde und ohne finanzielle Ängste?

Die beiden Freundinnen wechselten noch ein paar Worte, dann verabschiedeten sie sich. Ada legte das Telefon weg, und Artù sprang ihr auf den Schoß. Gedankenverloren streichelte sie ihn eine Weile, dann setzte sie ihn auf dem Boden ab und ging zum Schreibtisch.

Sie war noch immer eine schöne Frau. Man sah ihr das Alter nicht an, obwohl das Leben sie oft geprüft hatte. Nachdem sie sich jung hatte scheiden lassen, hatte sie nie wieder geheiratet. Sie hatte mehrere Verehrer abgewiesen – ihre Ehe war so dramatisch verlaufen, dass sie sich auf keinen Mann mehr einlassen wollte. Das einzig Wichtige in ihrem Leben waren ihr Sohn und die Arbeit gewesen. Sie war eine gute Malerin, stand jedoch nicht hoch genug im Kurs, um vom Verkauf ihrer Bilder leben zu können. Was für ein unrühmlicher Abschluss, dachte sie. Bis vor wenigen Jahren hatten sie keinerlei Geldprobleme gehabt, aber in der Finanzkrise hatten sich die Investitionen ihres Sohnes als gewagte Börsenspekulationen erwiesen, so dass sich ihr Lebensstandard nicht halten ließ und sie praktisch verarmten. Heute konnte niemand von Zinsen allein leben, denn die Banken hatten alle außer sich selbst geplündert, während der Rest der Welt vor die Hunde ging.

Sie konnte immer noch ihren Schmuck verkaufen, dachte sie. Zwar besaß sie nur wenig – er hatte ihr nie viel bedeutet –, und dennoch schmerzte es sie. Ihr blieb keine Wahl, wenn sie überleben wollte, musste sie sich einen Anwalt leisten können.

Ada merkte, dass sie todmüde war, so als wäre plötzlich alle Kraft aus ihr gewichen. Sie nahm den Brief, den der Anwalt ihres Sohnes geschrieben hatte, und las ihn zum x-ten Mal. Sie konnte es einfach nicht fassen. Der Brief, in rabiatem Anwaltsstil gehalten, vermutlich, um sie einzuschüchtern, enthielt nichts als Lügen; im Grunde genommen beschimpften sie sie als Diebin.

Sie ging in die Küche, um sich einen Espresso zu machen, und Artù folgte ihr. Seit diese Geschichte angefangen hatte, benahm sich der Kater wie ein Hund, er lief ihr in jedes Zimmer nach und ließ sie nicht aus den Augen.

Vor knapp zwölf Jahren war ihr Artù in einem Geschäft in der Innenstadt aufgefallen. Sie hatte sich gerade nach einer Wasserschildkröte erkundigt, die sie der Tochter einer Freundin schenken wollte. Als sie den Käfig mit den vier hübschen Kätzchen sah, trat sie näher, um sie sich anzuschauen. Drei waren rot. Und eins silbergrau – es war Liebe auf den ersten Blick. Artù näherte sich ihrer Hand, die auf dem Käfig lag, und rieb sein Schnäuzchen daran.

Wieder zu Hause, dachte sie unablässig an das Katzenjunge. Gegen Abend, kurz vor Geschäftsschluss, war sie zu dem Laden zurückgekehrt und hatte es mit nach Hause genommen.

Der Kater hatte sich vom ersten Tag an als sehr anschmiegsam erwiesen, und im Lauf der Zeit wurden sie unzertrennlich. Ada nahm ihn überallhin mit, sogar in den Urlaub. Sie übernachtete ausschließlich in Hotels, in denen Tiere erlaubt waren. Am Anfang hatte sie ihn bei kurzen Reisen noch zu Hause gelassen, aber als ihr das Hausmädchen einmal erzählte, dass der Kater in ihrer Abwesenheit das Fressen verweigert habe, ließ sie ihn nicht mehr allein, auch nicht für wenige Tage.

Artù war wie geschaffen fürs Reisen. Er liebte es, Auto zu fahren, und er passte sich jedem Ort an, Hauptsache, seine Menschenmutter war da.

Sie stellte die Espressokanne auf die Flamme des Gasherds und setzte sich an den Küchentisch. »Mein Kleiner, jetzt sind wir ganz allein«, murmelte sie. Artù sprang miauend auf den Tisch. »Aber wir schaffen das, keine Sorge …« Artù blickte sie aus seinen bernsteinfarbenen Augen an, als hätte er alles begriffen.

Ada war überzeugt, dass der Kater ihre Worte verstand, schließlich gehorchte er auch ihren Kommandos – natürlich nur, wenn er Lust dazu hatte, wie jede Katze, die auf sich hält.

Während sie ihren Espresso trank, wurde ihr auf einmal klar, dass Giovanni, obwohl er Katzen mochte, nie Zugang zu Artù gefunden hatte. Obwohl der Kater nie genug Streicheleinheiten bekommen konnte, ging er Giovanni aus dem Weg, ja manchmal verließ er sogar das Zimmer, wenn der Sohn erschien. Vielleicht hatte der Kater früher als sie selbst gespürt, wie viel Schmerz dieses menschliche Wesen seinem Frauchen zufügen würde.

Sie trank den Kaffee aus und ging ins Atelier. Das Bild auf dem Stativ war eine Ansicht des Comer Sees; sie hatte es angefangen, um es Giovanni zu schenken, aber nun würde sie es wohl behalten.

Sie setzte sich an den Computer, und nachdem sie sich die neusten Mails angesehen hatte, konnte sie nicht anders, als noch einmal den Ordner zu öffnen, der die schrecklichen Schreiben ihres Sohnes enthielt. Auf die letzte Mail hatte sie nicht mehr geantwortet, sie endete mit den melodramatischen Worten: »Von heute an bist du nicht mehr meine Mutter.«

Tja, und er war nicht mehr ihr Sohn. Im Übrigen fragte sie sich seit Beginn dieser Tragödie, ob der Mann, der es wagte, ihr so etwas zu schreiben und sich so zu benehmen, dasselbe Wesen war wie das Kind, das sie zur Welt gebracht, aufgezogen und geliebt hatte. Nein, unmöglich, das konnte nicht sein.

In den Tagen nach Erhalt dieser Mail hatte sie geradezu körperlich gelitten, mit Angstattacken, die ihr Herz beben, und Schwindelgefühlen, die sie taumeln ließen. Aber dann war ihr Selbsterhaltungstrieb wiedererwacht. Der Schmerz hatte nicht aufgehört, keineswegs, aber nach und nach gewann die Welt wieder an Konturen.

Giovannis Angriff zielte nicht nur auf ihren wirtschaftlichen Ruin ab. Das war ihr inzwischen schmerzlich klar geworden, auch wenn sie den Grund dafür nicht verstand. Er schien einen tiefen Groll gegen sie zu hegen.

Freunde, die sie seit Jahren kannten – ihre engsten Freunde, denen sie sich anvertraut hatte –, gingen hart mit ihrem Sohn ins Gericht, und sie merkte, dass sie nie sehr viel von ihm gehalten hatten.

»Giovanni gehört zu der Sorte Mensch, die anderen die Schuld für das eigene Scheitern gibt«, hatte Gloria gesagt. »Was hat er im Leben schon zustande gebracht, außer so lange wie möglich von Zinsen zu leben? Er hat nie einen richtigen Beruf erlernt und Geld damit verdient, er hat nichts aus sich gemacht. Giovanni kann sich nicht mal damit herausreden, er sei Künstler oder Wissenschaftler. Solche Leute werden ja auch nicht reich, so wertvoll ihre Tätigkeit auch sein mag. Aber nein, anstatt die Ärmel hochzukrempeln, strengt der kleine Prinz einen Prozess gegen seine Mutter an, um ihr das bisschen Geld aus der Tasche zu ziehen, mit dem sie in den nächsten Jahren knapp über die Runden gekommen wäre.«

Ungefähr so hatten sich all ihre Freunde geäußert, wenn sie erfuhren, was Ada gerade durchmachte. Alles Leute, die Giovanni schon als Kind gekannt und gesehen hatten, wie er herangewachsen und zum Mann geworden war.

»Weißt du«, hatte ein Freund gesagt, ein Finanzberater, der ihnen geholfen hatte, nach dem Tod von Giovannis Vater mit der Verwaltung der Erbschaft zurechtzukommen, »ich habe immer schon gedacht, dass es ihm kein Glück bringen wird, so jung so viel Geld zu erben. Als du mir damals von seinen Unternehmungen erzählt hast, eine verrückter als die andere und alle auf halbem Weg abgebrochen, da habe ich mich zwar nicht offen kritisch, aber doch skeptisch geäußert. Und immer hast du ihn in Schutz genommen – als ginge es um einen erfahrenen Wirtschaftsboss, als könnte er niemals danebengreifen. Darum habe ich das Thema fallenlassen und mir für euch beide gewünscht, dass er irgendwann mal Nägel mit Köpfen macht. Wenn ich ehrlich sein soll, habe ich immer schon befürchtet, dass es einmal so endet. Er hätte weiterstudieren sollen, anstatt den Erben zu spielen. Allerdings hätte ich nicht gedacht, dass er ein solches Ekel sein kann. Fünfzig Jahre ist er alt – und benimmt sich wie ein verwöhntes Kind!«

Ada sah heute ein, dass die anderen recht hatten. War es falsch gewesen, die Zügel schleifen zu lassen und ihm so viele Jahre lang blind zu vertrauen? Vielleicht, aber inzwischen war es müßig, sich diese Frage zu stellen.

Der Kater machte einen Satz auf den Schreibtisch und musterte sie aus goldenen Augen, dann sprang er miauend wieder auf den Boden. Ja, klar – er hatte Hunger! Sie war so in Gedanken versunken gewesen, dass sie vergessen hatte, ihm sein Fressen zu geben.

Ada ging in die Küche und schüttete das Trockenfutter in den Napf, dann nahm sie eine Pizza aus dem Gefrierfach und schob sie in den Ofen. Sie hatte keinen Appetit, aber irgendetwas musste sie ihrem Magen zuführen, denn sie hatte seit dem Morgen nichts mehr gegessen.

Sie aß im Wohnzimmer, vorm Fernseher, das Tablett auf den Knien und Artù wie immer neben sich auf der Armlehne des Sofas.

Mehrmals schaltete sie um, bis sie schließlich eine Serie fand, die ihr normalerweise gefiel. Während sie widerwillig die Pizza aufaß, sah sie sich die Folge an, doch sie war nicht bei der Sache.

Es wurde ihr nämlich auf einmal bewusst, dass ihr trotz allem immer leichter ums Herz wurde, je mehr Zeit verging. Wie war das möglich? Was steckte hinter dieser Entspannung, für die sie sich beinahe schuldig fühlte?

Sie wusste es nicht, und wenn sie darüber nachdachte, ging es ihr wieder schlecht. Darum beschloss sie, die Frage lieber zu überschlafen, vielleicht mithilfe einer Tablette.

Als sie im Bett lag und das Licht löschte, hatte sich Artù bereits wie üblich auf dem Kissen neben ihrem zusammengerollt. Sie streichelte ihn, und er schnurrte, dann schloss er seine wunderschönen Augen und schlief ein.

Die Tage vergingen. Ada versuchte zu malen, aber ohne rechte Begeisterung. Sie fing an, häufig aus dem Haus zu gehen und Ausstellungen zu besuchen. In Mailand schien der Frühling schon fast auszubrechen, an den Bäumen waren die ersten Knospen zu sehen. Sie ertappte sich dabei, wie sie ihren Weg immer mal wieder so legte, dass er durch den Stadtpark an der Porta Venezia führte. Dort in der Nähe hatte sie mit ihrem Mann gewohnt, als Giovanni noch ganz klein war. Sie erinnerte sich, dass die Babysitterin einmal erschrocken zum Haus zurückgekehrt war und erzählt hatte, sie werde seit einigen Tagen von einem Unbekannten verfolgt. Es war die Zeit der Entführungen in Italien, und

Ada wandte sich an einen befreundeten Journalisten, der sie zum Polizeichef schickte. Seit jenem Tag folgte ein Beamter in Zivil der Babysitterin auf ihrer Runde durch den Park, und bald ließ sich der Typ nicht mehr blicken. Aber Ada traute der Sache nicht, sie packte den kleinen Giovanni und fuhr mit ihm für zwei Monate ans Meer.

Sie war nicht glücklich gewesen in dem eleganten Penthouse mitten in der Stadt, in der Nähe des Parks, aber damals war ihr Sohn das Allerheilmittel gegen die Sorgen, die sie als junge Ehefrau umtrieben. Vielleicht, dachte sie, war das der Grund, warum sie jetzt so häufig hierher zurückkehrte, an den Ort, den sie mit ihrem Sohn besucht hatte, als er sie noch geliebt hatte. Zweifellos spielte ihr Verstand ihr seltsame Streiche.

Sie kam zu dem Schluss, dass es nicht gut war, diesen nostalgischen Anwandlungen nachzugeben, und hörte auf, den Park an der Porta Venezia zu besuchen. Sie gab sich Mühe, nicht an ihren kleinen Sohn, den Teenager oder den jungen Mann zu denken, denn tröstlich waren diese Erinnerungen nicht.

Gloria hatte einen Termin bei einem Anwalt für sie vereinbart, einem Freund ihres Mannes, einem Grandseigneur der Mailänder Gerichtsbarkeit. Als Ada seinen Namen hörte, fuhr sie erschrocken zusammen.

»Aber Gloria, das kann ich mir nicht leisten!«

»Keine Angst, Ada, er ist ein guter Freund von Giorgio. Wir haben ihm die Lage erklärt, und er sagt, es ist keine große Sache. Er macht dir einen guten Preis, sei unbesorgt.«

Ada nickte, sie hatte auch keine andere Wahl, denn ihr fiel sonst niemand ein. Die Anwälte, die sie anlässlich ihrer

Scheidung kennengelernt hatte, waren inzwischen verstorben oder im Ruhestand. Sie konnte nur hoffen, dass Giorgios Freund ein wenig Sympathie für sie aufbrachte und sie nicht nur als Mandantin sah.

Ada hatte alles dafür getan, dass ihr Sohn anders als ihr Mann würde, sie hatte ihn ferngehalten von dessen geldgieriger, arroganter Familie, und bis vor wenigen Jahren hatte sie noch geglaubt, das sei ihr gelungen. Welche Hybris, dachte sie. Die genetische Veranlagung hatte sich durchgesetzt, so dass sie sich nun, fünfzig Jahre später, doch wieder mit der Charakterlosigkeit dieser Sippe auseinandersetzen musste. War es die Ironie des Schicksals, ausgleichende Gerechtigkeit, karmische Schuld? Anders wusste sie sich nicht zu erklären, wie alles derart erbärmlich enden konnte, dass es sogar Menschen schauderte, die in ihrem Leben schon alles gesehen hatten, wie zum Beispiel ihr Bankier.

Sie suchte den Anwalt in seiner fürstlichen Kanzlei mit Blick auf die Spitzen des Doms auf. Er war älter als sie und schüchterte sie mit einem fachmännischen Vortrag ein, dem sie nur mit Mühe folgen konnte. Ada hatte den Eindruck, dass er ein Frauenhasser war, der erst herausfinden wollte, ob sie tatsächlich so ehrlich war, wie man sie ihm geschildert hatte.

Als sie Glorias Mann gegenüber ihre Zweifel äußerte, beruhigte Giorgio sie: »Er ist tüchtig, vertrau ihm. Er will alles so managen, dass du keine Unannehmlichkeiten hast, und bei dem Schlamassel, den dein Sohn angerichtet hat, tut er gut daran, die Sache vorsichtig anzugehen.«

Schließlich fand Ada sich damit ab. Jeder tat seine Arbeit, sollte der Anwalt die seine tun. Um sich abzulenken, beschloss sie, mit Artù ans Meer zu fahren, überlegte es sich dann aber anders. Ihre Wohnung hatte einen Balkon voller Pflanzen, und sie und der Kater konnten den Frühling auch hier genießen, ohne zu reisen und Geld auszugeben. Die Tage wurden länger, auch dank der Sommerzeit, und Ada ertappte sich dabei, dass sie allen Vorsätzen zum Trotz erneut die Grünanlagen an der Porta Venezia aufsuchte. Sie hatte eine Hundetransportbox mit Rädern gekauft. In dieser Art von Kinderwagen nahm sie Artù auf ihre langen Spaziergänge durch den Park im Herzen der Stadt mit.

Als sie damals, frisch verheiratet, in dem Viertel gewohnt hatte, befand sich in dem Park auch der Zoo. Manchmal ging sie mit dem kleinen Giovanni hin, am liebsten besuchten sie den Elefanten. Sie war sehr jung Mutter geworden, und es war noch derselbe Dickhäuter wie in ihrer eigenen Kindheit. Doch irgendwann hatten sie aufgehört, in den Zoo zu gehen, vielleicht, weil die Tiere im Käfig sie an das Gefängnis erinnerten, in dem sie und ihr Mann damals lebten.

Jedenfalls war der Zoo vor vielen Jahren verschwunden und durch Pflanzen und Sträucher ersetzt worden, die gerade zu blühen begannen. Auch die Stadt hatte sich verändert. Ada war sich nicht sicher, ob sie ihr noch gefiel.

An einem Nachmittag, der milder war als die anderen, begriff sie endlich, warum ihr leichter ums Herz war. Seit Giovanni verheiratet war, hatte sich sein Verhalten ihr gegenüber langsam, aber sicher verändert. Und doch hatte sie sich vorgemacht, es sei alles beim Alten. Sie hatte nicht entschlossen reagiert, sondern die Schikanen ihrer Schwiegertochter weiterhin ertragen und bestürzt zugesehen, wie ihr Sohn ein Fremder für sie wurde.

Das hatte ihre Selbstachtung verletzt, wurde ihr an diesem sonnigen Nachmittag klar, während sie auf einer Bank saß und den Kindern in der Nähe des Ententeichs beim Spielen zusah. Die Empörung über die Grausamkeit ihres Sohnes hatte ihr schließlich geholfen, ihre Würde wiederzufinden. Daher rührte das Gefühl von Erleichterung.

Die Wehmut aber war hartnäckig und grausam; manchmal, wenn sie hörte, wie eine Frau einen Satz mit den Worten »Mein Sohn …« einleitete, wurde ihr das ganze Unglück bewusst. Giovanni würde bei ihrem Begräbnis weder um sie weinen noch trauern, dies obwohl sie ihm über Jahre Mutter und Vater zugleich gewesen war.

»Dein Sohn benimmt sich, als wäre er in eine dieser Sekten geraten, die ihre Anhänger hörig machen und sie zwingen, alle Brücken hinter sich abzubrechen, *parenti in primis*«, hatte Gloria einmal gesagt.

Nun gut, sie nahm es zur Kenntnis: Ihr blieb nur noch Artù, der sie so treu und bedingungslos liebte wie sie ihn. Ada kam sich deswegen nicht seltsam vor, denn sie war bei weitem nicht die einzige, die einem Tier mehr Zuneigung entgegenbrachte als ihren Artgenossen. Je unmenschlicher die Menschen wurden, desto stärker vermenschlichten sie die Tiere. In den Nachrichten gab es jeden Tag Beiträge, die diese Beobachtung bestätigten.

Artù, der wusste, dass er dem kleinen Korb mit Aussicht nicht entkommen konnte, begnügte sich damit, Bäume und Blumen mit der weisen und ein wenig strengen Miene zu betrachten, die allen Britisch-Kurzhaar-Katzen eigen ist.

Inzwischen waren die Besuche im Park an der Porta Venezia trotz allem zur Gewohnheit geworden. Auf ihrem Weg dorthin kam sie an einem Gebäude vorbei, das heute ein Modehaus war, früher jedoch eine Kunstgalerie beherbergt hatte. Als gerade mal achtzehnjährige Debütantin hatte sie hier ihre erste – recht erfolgreiche – Ausstellung gehabt.

Indessen vergingen die Tage zwischen Drohbriefen der Gegenseite und gelassenen Repliken ihres Anwalts. Es war anstrengend, aber sie versuchte, nicht allzu viel darüber nachzudenken. Ihre Freunde rieten ihr, sich abzulenken, aber sie hatte von Tag zu Tag weniger Lust, jemanden zu sehen, darum blieb sie zu Hause und malte. Auch im Atelier wich ihr Artù nicht von der Seite, lag stundenlang zusammengerollt in dem Designersessel.

Seit einigen Tagen schien der Kater kaum noch Appetit zu haben. Der Tierarzt stellte eine beginnende Niereninsuffizienz fest, etwas, das bei Rassekatzen ziemlich häufig vorkam. Er verschrieb Medikamente, sagte, sie solle sich keine Sorgen machen und gab ihr für den darauffolgenden Monat einen Termin zur Nachuntersuchung.

Wieder zu Hause angekommen, rief Ada ihre Freundin Gloria an. »Artù geht es nicht gut.« Sie erzählte ihr ausführlich von dem Besuch beim Tierarzt. Ada wusste, dass sie ihre Freundin damit nicht langweilte, denn Gloria besaß selbst drei Katzen, die sie abgöttisch liebte.

»Mach dir keine Sorgen, du wirst sehen, alles wird gut, und Artù kommt bald wieder zu Kräften. Hast du was von deinem Anwalt gehört?«

Ada erzählte ihr von der Korrespondenz zwischen ihrem

Anwalt und dem ihres Sohnes, dessen ständige Geldforderungen immer drängender wurden.

»Was will Giovanni eigentlich? Dass du auf der Straße landest? Warum kommen er und seine Frau nicht auf die Idee, selbst einmal arbeiten zu gehen? Das ist doch verrückt!«

Ada wusste darauf nichts zu entgegnen und beendete das Gespräch. Sie ging in die Küche, um sich etwas zu essen zu machen. Sie fühlte sich unglaublich erschöpft und hatte eigentlich gar keinen Hunger. Artù stellte sich diesmal nicht an, als sie ihm seine Medizin und dann das Trockenfutter gab, und zum ersten Mal seit Tagen fraß er den Napf leer. Das tröstete sie, es ging ihm offensichtlich besser. Sie nahm ihn hoch, um ihn wie ein Neugeborenes in die Arme zu nehmen und zu liebkosen.

»Artù, mein Kleiner, ich bin schrecklich müde. Diese ganze Sache bringt mich noch um. Wir beide gehen jetzt schlafen, in Ordnung?«

Bei diesen Worten schloss der Kater halb die bernsteinfarbenen Augen und miaute zustimmend. Im Schlafzimmer setzte sie ihn auf dem Bett ab. Sie ging ins Bad und machte sich für die Nacht fertig, und als sie zurückkam, lag Artù bereits zusammengerollt auf dem Kissen neben ihrem und betrachtete sie aufmerksam.

»Ja, mein Kleiner, jetzt ruhen wir uns aus, und morgen geht es uns schon besser, du wirst sehen«, sagte Ada und schlüpfte unter die Decke. Ehe sie das Licht löschte, gab sie ihrem geliebten Kater einen Kuss auf das Köpfchen mit dem seidigen, silbrig glänzenden Fell.

»Gute Nacht, Artù, schlaf gut.«

Schnurrend öffnete der Kater noch einmal die Augen und schlief wieder ein.

Am nächsten Morgen klingelte Gloria mehrmals, doch Ada reagierte nicht. Besorgt ging sie zum Portier, der einen Wohnungsschlüssel hatte.

Sie betrat das Schlafzimmer und sah, dass die Freundin noch im Bett lag, auf dem Kissen neben ihr Kater Artù. Beide schliefen und bemerkten sie offenbar nicht.

»Ada, Liebes, wach auf, ich bin's!«, rief Gloria und näherte sich dem Bett, als sich der Schmerz bereits wie eine Faust um ihren Magen schloss.

Weder Ada noch der Kater rührten sich, und Gloria verstand. Sie ging neben dem Bett auf die Knie, nahm die Hand ihrer Freundin in beide Hände, und während ihr die Tränen über die Wangen liefen, fiel ihr wieder ein, was Ada einmal zu ihr gesagt hatte:

»Ich kann mir keinen besseren Tod vorstellen als einfach einzuschlafen, mit meiner Katze neben mir.«

JOHANN RICHARD ZUR MEGEDE

Der Überkater

Ich bin Italiener, Diplomat, Hotelkater.

Geboren bin ich natürlich auf klassischem Boden – in Rom unter dem Dach des Palazzo Farnese: Der edelste Sproß aus heißer Liebe und weiser Politik. Ich sollte gewissermaßen in meiner Person den Geist Frankreichs und die Schönheit Italiens vermählen. Mein Vater war Römer, ein wilder, schöner, hochfahrender Nobile. Meine Mutter Vollblutpariserin aus dem legitimistischen Uradel des Quartier St. Germain, pikant, geistreich, mit den anmutigsten Formen, der wohllautendsten Stimme. Ein hoher Beamter der Botschaft hatte diese Vermählung inszeniert – ein diplomatischer Schachzug, der überaus glückte. In dem Wäscheschrank dieses hohen Beamten wurde ich geboren. Von meinem Vater weiß ich nur aus den Erzählungen meiner Mutter. Er war eine Herrennatur von leidenschaftlicher Frauenliebe, aber nur vorübergehender Gattentreue. Meine Geschwister starben früh, und keines natürlichen Todes. Ich erinnere mich dunkel der gemeinen, heimtückischen Faust – einer Faust, von der auch später die Rede sein wird –, die unsre Familie ausrotten zu wollen schien. Es waren Erwägungen intimster Natur, wie ich jetzt begreife, denn ein spanischer Prätendentenstreit unter uns Brüdern hätte leicht die schwersten europäischen Verwicklungen nach sich ziehen können. – Bei Katzen gibt es keine engherzige Nationalität. Wir optieren.

Als mir meine Mutter zum ersten Male von der schwindelnden Höhe des Botschaftshotels die Ewige Stadt zeigte mit einem blinzelnden Seitenblick auf den Quirinal und auf den Vatikan, begriff ich sofort, was sie damit ausdrücken wollte. Da das republikanische Frankreich seine großen legitimistischen Söhne zu verbannen beliebt, blieb mir nur noch die Wahl zwischen den langen schwarzen Priesterröcken Seiner Heiligkeit und den funkelnden Bajonetten des nationalistischen Königtums. Ich überlegte lange – und wählte keines von beiden. Das war sehr weise von mir. Diplomaten größten Stils sind keine Pfaffenknechte, aber noch weniger gehorsame Diener des Advokatenkonvents auf dem Monte Citorio … Für sie heißt es, zwischen beiden lavieren. Vom Vatikan habe ich später gehört, daß das alte Riesengebäude unheimlich viel dicke und geradezu gefährliche Ratten beherbergt, und vom Quirinal weiß ich, daß in dem weitläufigen Schloß die Mäuse besonders hungrig pfeifen – Ich war eben zu Höherem geboren.

Einige Zeit verblieb ich noch in der Botschaft, scheinbar ohne eine bestimmte diplomatische Mission, obgleich ich behaupten kann, daß kein lebendes Wesen über die Geheimnisse des berühmten Palazzos vom Dach bis zum Keller genauer orientiert war als ich. Wenn es mir beliebt hätte, die Archive zu durchstöbern, Dokumente zu entwenden – Kinderspiel! Ich will die Eisenstangen sehen, zwischen denen mein schlanker Körper nicht geschmeidig hindurchgleitet, oder den Botschaftssekretär, dem ich nicht unbemerkt überall nachzuschleichen vermöchte! … Aber ich stehle niemals – Nicht, daß mich die Moral daran hinderte! Es gibt nach Macchiavelli und Talleyrand, meinen menschlichen *chers cousins*, keine Diplomatenmoral, und Bismarcks sogenannte geniale Ehrlichkeit war nur eine vorübergehende Verfehlung. Sie wird nie Schule machen und höchstens seinen Nachfolger zu Plumpheiten verleiten. Aber ich hasse platte Gemeinheiten! Ich möchte niemals hinabsteigen zu den berufsmäßigen Mausefängern oder gar den Tölpeln von Hunden, die vor jedem Fleischerladen wie gebannt stehen bleiben. Wenn ich meine köstliche Sahne zierlich ausgeschleckt habe und danach noch etwas Bratenappetit verspüre, gehe ich direkt zum Botschaftskoch und gebe ihm in sanft verführerischen Tönen zu verstehen, daß ich ein auserlesenes Stück wünsche – zur Kritik natürlich, und weil ich die Diners Sr. Exzellenz des bevollmächtigten Ministers höflich, aber streng überwachen muß. Ich verschlinge darum nie einen Knochen, ich lecke ihn fein säuberlich ab, und der Küchenchef hat die richtige Überzeugung, daß ein Kater von Welt *gourmet*, nie aber *gourmand* sein kann. Die Deutschen, die Hunde so sehr lieben, verwechseln diese beiden Begriffe noch immer.

Dort im Palazzo Farnese gewöhnte ich mir die tadellosen Diplomatenallüren an: das lautlose Auftreten, das seidenweiche Gleiten, das abgetönte Attaché-Miau, das alles wünscht, aber zu nichts verpflichtet. Ich hätte Sr. Exzellenz ein brillanter Geheimsekretär sein können, und Ihre Exzellenz sagten bei meinem Anblick stets bewundernd: »Q'uil est beau! qu'il est sage! qu'il est bien élevé!« Ich quittierte stets über diese Elogen vermittelst eines unendlich melodischen Schnurrens, wie ich ja überhaupt die Damen als tadelloser Kavalier, und die Priester als überzeugter Katholik äußerst zuvorkommend behandle, denn die kapriziös weichen Hände der ersteren und die zielbewußten Taubenblicke der letzteren sind mir sympathisch, und beider Einfluß in der höchsten, der persönlichen Politik darf niemals unterschätzt werden. Jedoch dauert meine Anhänglichkeit nie länger als der angenehme Nachgeschmack der Schmeichelei oder des Leckerbissens, den ich gerade anzunehmen geruht habe.

Zuweilen sehne ich mich nach dieser ersten Jugendzeit zurück, obgleich es auch widerwärtige Dienstboten gab, die meinen intimen Schlafzimmervisiten mit einem muffigen Besen entgegentraten, – und schlecht erzogene Attachés mit gemein kläffenden Foxterriers, offenbar unfähige Diplomaten, die mit Bismarck und dem Reichshund kokettieren wollten. Zum Diplomaten gehört nun einmal die Katze in irgendeiner Gestalt ... Aber plötzlich wandte sich das Blatt. Jener hohe Beamte, der meine Eltern zusammengekuppelt hatte und eben beschäftigt war, meiner untröstlichen Mutter einen zweiten Gatten zuzuführen, lockte mich eines Tages vom Dachfirst, wo ich gerade andächtig dem Frühlingsgesang einiger Zugvögel lauschte, mit allerlei süßlichen Komplimenten, deren zudringlicher Beflissenheit ich berufsmäßig nicht traute. Aber er hielt in der Hand einen jungen Sperling, dessen Banditengezwitscher mich magisch anzog. Den Vogel bekam ich allerdings nicht, aber ich selbst wurde in einen fremdartigen Käfig gesteckt, den ich später als heugepolsterten Bastkorb erkannte. Ich war wohl an alle diplomatischen Winkelzüge, aber nicht an so grobe Treulosigkeiten gewöhnt, und erst im letzten Augenblicke versetzte ich darum einen sanften Biß jener heimtückischen Hand, die meine Brüder gemeuchelt hatte und die sich jetzt wie zum Abschied liebkosend nach mir ins Gefängnis streckte. Von da ab weiß ich nur, daß es auf einmal sehr dunkel wurde und daß später ein furchtbares Rütteln anfing. Ich war empört, auf jeden weiteren Schurkenstreich gefaßt, aber ich erkannte sofort, daß Toben sinnlos sei. Ich hielt ohne wilde Klage einen Tag und eine Nacht in dem schaurigen Verlies aus. Nur wenn meinem Korbe ein plumper Schritt nahte, erging ich mich in den sanftesten Miaus, einem wahren Sirenengesange. Einige Male lachten darauf grobe Menschenstimmen, ein andres Mal bohrte sich ein Finger durchs Geflecht. Ich benahm mich wie die Sanftmut selbst. Aber als sich mein Käfig endlich öffnete, sprang ich dem ersten besten dieser vermeintlichen Verräter an die Kehle. Ich glaubte sicher, einer diplomatischen Intrige zum Opfer gefallen zu sein, und das Schicksal der eisernen Maske stand mir vor Augen. Ich hatte mich geirrt …

Es ist der Unterschied zwischen großen und kleinen Geistern, daß die kleinen ihre Fehler nicht einmal sich selbst eingestehen, während die großen dies sogar aller Welt offen kundtun. – Ich hatte in der Tat einen Fehler begangen: Der Mann, an dem ich vor Wut fauchend mich festkrallte, war ein mächtiger Mann, der Besitzer des Hotels, und wahrscheinlich in der Lage, mich mit Hilfe seiner Leute sofort in dem See zu ertränken, dessen duftigblaue Kristallflut keine hundert Schritt von unserm Kampfplatz recht unangenehm einladend herüberleuchtete. Es war also kein Diplomatenkniff gewesen, dem ich zum Opfer fiel – ich war einfach für schnödes Geld verkauft worden. Verkauft – und wahrscheinlich sehr teuer! Erst drückte mich diese häßliche Tatsache wirklich nieder, und es bedurfte einer exzellenten Fischpastete und mehrerer Sahnentöpfe, um mir wenigstens körperlich das Gleichgewicht wiederzugeben nach einem Fasten zu so unpassender Zeit, daß es mich fast an den Segnungen unsrer alleinseligmachenden Kirche irre machte. Bald merkte ich, daß auch die Gemütsdepression nicht unbedingt vonnöten … Ein staatsmännischer Geist muß klug mit den Zeitläuften rechnen, ohne dabei irgendwie seine Persönlichkeit aufzugeben. Man kauft und verkauft nun einmal Katzen – und diese menschliche Gewohnheit ist eigentlich für mich sehr schmeichelhaft. Man bezahlt doch nur Schönheit und Geist, und bloß beides zusammen mit so ungeheuerlichen Summen, wie sie ohne Frage nur für mich angelegt worden sind.

Damals gab ich mir auch zum erstenmal die Mühe, meinen äußeren Kater zu studieren. Ich bin in der Tat ein Olympier: schlank, samtweich, mit dem sanft buschigen Schweif eines Angoraahnen, der sich nur in den anmutigsten Schwingungen ergeht. Jedoch das wunderbarste sind die Augen – blaue, weiche, unvergeßliche Augen … Haben Sie schon je, mein lieber Murr, einen Kater mit Vergißmeinnichtaugen gesehen? Ich bezweifle es. Ueber die Nase geht der breite Kavalierschmiß, die Tiefe meiner Liebe, die Größe meines Hasses zu zeigen. Ich empfing den Hieb von einem äußerst jähzornigen Gentleman, der mir ein allerliebstes Kammerkätzchen abspenstig machen wollte. Es war meine erste *amour*, und ich entwickelte dabei einen Liebeswahnsinn, den ich jetzt belächle. Über die Katzenfrauen denke ich liberal wie der verstorbene Vittorio Emanuele, doch in bezug auf die Ehe beobachte ich die unbedingte Zurückhaltung eines päpstlichen Kardinalsekretärs. Man soll wohl Simson sein, aber man darf sich von einer Delila niemals die Schnurrhaare abschmeicheln lassen … Wenn nun dieser unvergleichliche Mephisto zuzeiten über die Blumenrabatten des Hotelparks steigt, so mag wohl dem menschlichen Beobachter bei meiner Gottähnlichkeit bange werden – mir nicht.

So bin ich also Hotelkater geworden, eine Stellung, die alle Mausefänger ersehnen, die aber nur von zünftigen Diplomaten ausgefüllt werden kann. Es gehört neben der untadeligen Geburt, den Aristokratenallüren jene kluge Mäßigung dazu, die alles weiß, aber nichts mit Namen nennt. Ein Hotelkater muß sich mit gleicher Grazie an den parfümierten Seidenrock einer Prinzessin schmiegen, wie den plumpen Nagelstiefel eines Brillenprofessors umschnurren. Auch der unbedeutendste Gast darf mich streicheln, bevorzugte Persönlichkeiten dürfen mich sogar auf den Schoß nehmen, aber ich gleite sofort mit einem kühlen Miau zur Erde, wenn die Liebkosung zudringlich wird. Ich bin darum aller Welt öffentlicher Liebling, aber niemandes unbedingter Freund. Ich würde mich zum Beispiel ganz gewiß doch weniger leicht von dem Wirt, dem Oberkellner, dem Koch und allen jenen guten Leuten, die mich mit Recht verehren, trennen, als von einem englischen Griesgram oder den alten nervösen Tanten, die sich an meinem Samtfell ihren staubigen Lodenrock zu verderben fürchten. Ich werde die törichte Schwäche der einen und die Brutalität der andern gleichmäßig belächeln und zu meinen Zwecken benutzen. So delektiert sich mein Geist immer, und meine Seele belastet sich niemals unnötig. In Wahrheit bin ich in meiner weisen Mäßigung vollkommen frei. – Das ist eben der Sohn der Botschaftskatze. Wie würde sich meine kluge französische Mutter freuen! ... Doch gibt's auch Zeiten, wo das heiße italienische Blut meines schönen Vaters leidenschaftlich wallt.

Ich heiße hier schlechtweg Carlo wie ein Prinz von Geblüt, heimlich füge ich hinzu: Macchiavelli, der Staatsmann. Innerlich stehe ich dem großen Florentiner doch wohl am nächsten.

Wir haben jetzt Anfang Februar – und die Saison sollte beginnen. Unser Hotel ist natürlich das erste in einer kleinen, dumpfigen, entzückend winkligen Stadt mit ganz auserlesenen Straßengerüchen. Wir liegen an einer blauen Bucht des Gardasees, dessen Wasser vielleicht besser täte, weniger naß zu sein. Sonst ist der See riesengroß, und ich blinzle mir vergebens die Augen aus, um ihn in seiner ganzen Breite zu überblicken. Ringsum Hügel, Berge, Schneegipfel. Wer ein Deutscher und treu ist und eine grandiose Natur liebt, wird bei jeder Beleuchtung und jedem Wetter auf seine Kosten kommen. Mir genügt der Sonnenschein des Hotelgartens; die Froschjagd auf den geschorenen Wiesen und zwischen den immergrünen Bosketts hindurch ist ein so reizender Sport, der meine Anmut in bestem Licht zeigt. Auch ist nichts behaglicher, als in der Mittagsglut auf der Kaimauer zu träumen. Ich schlummere, phantasiere, schaue und habe zur Zugzeit den Vogellaut wirklich gern – lieber allerdings noch das warme Blut der freundlichen Sänger selbst. Wenn der Dampfer bei uns anlegt, geruhe ich entweder in scheinbarer Apathie im Grase zu blinzeln, oder ich gehe auch wohl den Gästen höflich entgegen. Es freut mich doch immer wieder das menschliche Verständnis für Katzenschönheit.

Bei Regen oder Wind hüte ich das Haus. Natürlich ist es auch kein großes Haus. Die Riesenhotels der Weltstädte sind im Grunde nur auflackierte Karawansereien ohne Traditionen, ohne Eigenart, jeder Gast im besten Falle so viel wert wie die Zimmernummer an dem geschmacklosen Riesenbrett, wo die unzähligen Schlüssel hängen. Da gibt es allerdings von Zeit zu Zeit einen wirklichen Prinzen, einen echten Nabob, einen wüsten russischen Fürsten – und namenlose Zugvögel, Gäste einer Nacht, die ängstlich kommen, heimlich gehen und hinterher mit dem Morgenkaffee im Empirespeisesaal fürchterlich prahlen. Die eigentliche Stammkundschaft aber sind unanständige Parvenüs, die zwar Fürstengemächer nur naserümpfend wählen, aber nachher heimlich auf die Teppiche spucken – oder dunkle Abenteurerexistenzen mit Monokeln und Brillantnadeln, die vom Glücksspiel in abscheulichen Spelunken lange recht behaglich leben und später ohne Aufsehen an die Luft gesetzt werden müssen, weil sie außer der Zimmerrechnung auch noch die fünfzig vom Portier nach und nach gepumpten Franks nicht bezahlen können. Wenn ein wirklich distinguierter Herr exzellent essen, exklusiv plaudern will, wählt er klüglich das kleine Hotel, den kleinen Salon, weil er weder Lust hat, die Niete in einer Riesenkollekte noch die protzige Gewinnummer in einer Privatlotterie darzustellen … Auch darf ein Hotel nicht aufdringlich aussehen, wie zum Beispiel die Kurhäuser in den Weltbädern, die gleich ein halbes Dutzend Landesstandarten hissen. Das sieht zu gewollt aus, verletzt den guten Ton. Ein Hotel von Distinktion sollte womöglich immer in einem Garten liegen, tief drin, – nahe genug, um noch gesehen zu werden, und doch weit genug, um nicht anzulocken; Gesindel erscheint ja trotzdem in Ueberfülle.

Unser Hotel hat einen ganz kleinen, einfachen Speisesaal mit dem Blick auf den Garda, ein dämmriges Vestibül, gemütliche Zimmer und so viel Treppen und Korridore, daß seine maßvolle Größe nur intim wirkt. Zurzeit sind wir etwas verwaist. Eine Stangen-Gesellschaft reiste gerade ab – ein toller Mischmasch von alten bildungswütigen Kanzleiräten, reichgewordenen Fleischern, schutzlosen Jungfrauen und so weiter, welch letztere – die Jungfrauen nämlich – nachts ungefährdet durch die berüchtigte Friedrichsstraße wandeln könnten und aus jedem Harem sofort höflich hinauskomplimentiert würden. Die guten Leute rackerten sich zu Fuß und zu Wagen maßlos ab, und ich hatte die lächelnde Überzeugung, daß die ewig wechselnden Figuren eines Kaleidoskops in meiner Seele bedeutend schärfer haften würden, als in diesen Geistern das Bild der sogenannten schönen Gegenden. Der geschäftige Reisekurier rannte mich beinah um. Pöbel! Sonst haben wir Tagestouristen, die sich erst die Brille umständlich aufsetzen, um die lächerlich kleine Rechnung zu studieren, und denen der Hausdiener stets wehmütig enttäuscht von der Landungsbrücke nachsieht. So was zählt für mein Gefühl nicht.

Auf längere Zeit scheint sich nur ein einziger Herr hier eingerichtet zu haben. Deutscher, brünett, sehnig, verbrannt wie ein Mohr und weder hübsch noch häßlich, aber mit einem Paar großen, grauen, klugen Augen, die selbst über unsern unvergleichlichen Garda mit einer gewissen Geringschätzung zu gleiten scheinen. Er hält was auf sich und erscheint auch zu seiner einsamen Mahlzeit immer im *dinner*-Jackett. Er heißt Robert Rin und wird von unserm Oberkellner höflich *M. de Rin* (französisch gesprochen) tituliert. Ich wußte nicht, was ihm diese Standeserhöhung eintrug, denn er bewohnt ein mäßiges Zimmer und trinkt nur Landwein – aber Oberkellner haben oft richtige Instinkte. Der Mann ist Mitte Dreißig und kraxelt viel in den Bergen herum. Er ist wohl Reisender, Naturwissenschaftler oder etwas ähnliches. Anvertraut hat er mir's nicht; denn er trägt eine äußerste Reserve und Schweigsamkeit zur Schau, und ich traue seinem energischen Munde zu, daß er kurz befehlen kann und daß ihm schleunigst gehorcht wird. Doch er bekommt täglich Korrekturen zugeschickt, in denen unnötig viel von Kamelen und Pflanzen die Rede ist, und zwischen die er mit einem Bleistift ziemlich undeutlich hineinkritzelt. Vielleicht will er sich auch von einer großen Expedition erholen und nebenbei die äußerst seltene Flora unsrer Riviera di Gargnano studieren. Ich habe mich ihm gewissermaßen attachiert, weil er der einzige wirkliche Herr hier ist und mich nicht mit wahllosen Schmeicheleien langweilt. Seit einigen Tagen regnet es wie auf Stiefkinder, und auch einem philosophischen Staatsmann möchte das Leben grau erscheinen.

Wir beide sitzen jetzt häufig zusammen im Konversationszimmer.

TIM KROHN

Gutherzigkeit

Hubert Brechbühl wartete, bis er Julia Sommer auf der Treppe traf, um zu fragen, wann sie Zeit habe, sich seine Ablage anzusehen. »Es eilt ja nicht«, sagte er, »ich kann mir denken, dass eine berufstätige Mutter anderes im Kopf hat. Andererseits, erledigt ist erledigt, nicht wahr?«

»Wenn ich Mona mitbringen kann, kommen wir gern gleich«, sagte sie, und darüber erschrak er etwas, denn er hatte noch nichts eingekauft, doch er sagte zu.

In *Anas Lädeli* besorgte er schnell eine herabgesetzte Packung Leisi-Kekse und für Mona Himbeersirup. Das stellte sich als unnötig heraus, denn Julia Sommer hatte gebacken, sie kamen mit einem vollen Tablett, auf dem eine Platte Streuselkuchen, zwei Gläser mit Latte Macchiato und ein Tässchen mit Milchschaum standen, außerdem eine brennende Kerze, die Mona angeblich im Hort verziert hatte, und eine klitzekleine Vase mit Gänseblümchen, die auch Mona gesammelt hatte.

»Ja, habe ich denn Geburtstag?«, rief er und klatschte in die Hände.

»Das weiß ich nicht«, sagte Julia, »aber Sie sind unser guter Geist. Ich hätte wirklich nicht gewusst, wie ich diese Rechnung bezahlen soll.«

Und Mona fragte: »Holen wir heute die Katze?«

»Nein, heute noch nicht«, sagte er, »wir wollen doch den Kuchen genießen.« Tatsächlich saßen sie lange am Küchentisch und spielten mit einem Tram-Quartett (sie bauten daraus Kartenhäuser, weil Mona noch nicht lesen konnte). Erst als Mona auf die Toilette musste und Julia sie begleitete, räumte er den Tisch ab, holte den Ordner und zeigte Julia, als sie wiederkamen, wie alles organisiert war. Er führte sie auch in den Flur, wo die Aufstellung der laufenden Kosten hing, und zurück ans Küchenfenster, auf dem Außensims standen jetzt die Begonien. Das alles dauerte allerdings viel weniger lange, als er erwartet hatte, und er wurde etwas traurig, als Julia, während sie wieder hineingingen, sagte: »Dann verabschieden wir uns jetzt, Herr Brechbühl. Wir müssen noch einkaufen, und Mona hat ein Bad nötig. Aber es war schön bei Ihnen.«

Das fand er auch, nur Mona konnte nicht schnell genug hinaus, als sie das Wort ›einkaufen‹ hörte, weil sie in der Migros immer auf dem Elefanten reiten durfte.

»Wir müssen aber erst das Tablett hochbringen«, erklärte Julia ihr.

»Das kann ich übernehmen«, sagte Hubert Brechbühl, »da kann ich mir gleich die Beine vertreten. Man wird bequem, wenn man im Parterre wohnt.«

»Ach, und dürfte ich wohl um die Quittung für die Überweisung bitten?«, fragte Julia verlegen, und er wurde noch verlegener, denn daran hätte er selbst denken müssen.

»Ich habe das gleich am nächsten Tag erledigt«, sagte er und zog die Quittung aus seinem dicken, speckigen Portemonnaie, das Mona am liebsten gleich ausgeräumt hätte.

Dann waren sie weg. Er wusch das Geschirr ab, brachte das Tablett hoch und stellte es auf den Schuhabstreifer, danach ging auch er aus dem Haus, auf einen kleinen Spaziergang durchs Quartier. Dabei sah er, dass das »Schwänli« schloss – »zwecks Umbau« –, und weil Donnerstag war und er versöhnlich gestimmt war, beschloss er, wieder einmal seine Jasskumpanen zu besuchen. Bestimmt hatten sie ihn längst ersetzt, er hatte mehr als einen Monat gefehlt, ohne sich abzumelden. Es hatte sich aber auch nie jemand nach seinem Befinden erkundigt.

Tatsächlich saßen sie, als er kam, schon zu viert. Alex stand aber gleich auf, als er ihn sah, und sagte: »Umso besser, ich muss noch das ganze Lager räumen.«

Bertram, dessen Jasspartner er gewesen war, riet Hubert Brechbühl: »Dann streng dich mal an, Hubi, ich habe nämlich kein Geld im Sack.« Das sagte er, weil jeweils die Verlierer zahlten.

Es war schön, wieder unter ihnen zu sein. Zumindest, bis Hubert Brechbühl mehr spaßeshalber – er hatte eben Freude an seiner Entdeckung – bemerkte: »Ist euch schon aufgefallen, dass die Welt neuerdings von Bs regiert wird? Erst der Bush, jetzt der Berlusconi. Und jede Wette, der Blocher wird noch Bundesrat.«

Sie würdigten die Entdeckung aber gar nicht, sondern der Paul lästerte gleich, was für ein Sauhund der Berlusconi sei, und »adieu Demokratie«. Der Ahmed sagte, der Bush sei noch schlimmer, und mit rechten Dingen gehe es sowieso nie zu, wenn einer in einem Land mit 300 Millionen Leuten mit einer Mehrheit von 500 Stimmen gewinne. Und dabei hatte Hubert Brechbühl gar nicht politisieren wollen, nur unterhalten. Deshalb sagte er auch nur: »Also ich habe Respekt vor jedem, der eine solche Aufgabe übernimmt. Ich jedenfalls müsste kein Land regieren.«

Der Ahmed rief aber gleich: »Und dabei bist du auch einer von diesen Bs, Brechbühl!«

Und Bertram sagte: »Da jasse ich ja mit dem Rechten, mit dem Ultrarechten.« Das gab schon ein Gegröle. Dann fügte er noch hinzu: »Wobei wir ja den Schieber jassen, und schieben können diese Herren schließlich, oder, Hubi?« Danach lachten sie so heftig, dass der Paul das Bier im Maul nicht halten konnte und sabberte, und darüber wieder verschluckte sich Ahmed vor Lachen. Nur Bertram lachte dezent, weil er die Karten zu mischen begonnen hatte und die Zigarette mit den Lippen festhielt.

»Ich weiß schon, warum ich mit euch nicht jassen wollte«, sagte Hubert Brechbühl und stand auf, um Alex zu suchen, damit er ihn wieder ersetzte.

Doch Alex fand nur: »So, wie die drauf sind, sollen sie doch zu dritt weiterjassen, außerdem habe ich zu tun.« Er erzählte ihm, dass sie das Lager umbauten, das hieß, sie selber gingen so lange in die Ferien, weil es lärmig werden würde: Der ganze Betonboden wurde rausgespitzt.

»Wohin fahrt ihr?«, fragte Hubert Brechbühl, weil man das so fragt.

»Ruth wollte unbedingt auf die Seychellen, der Riesenschildkröten wegen«, sagte Alex, »und das ist auch das Problem.«

Hubert Brechbühl dachte, dass auf den Seychellen angeblich ein Schatz vergraben war, dort hatte er als Junge immer hingewollt. Er fragte aber nur: »Was für ein Problem?«

»Wir haben doch eine Katze«, sagte Alex. »Ins Flugzeug können wir die nicht mitnehmen, und hierlassen geht auch nicht. Die würde durchdrehen bei dem Lärm, sie spinnt sowieso schon. Deshalb will sie auch keiner zu sich nehmen. Vielleicht setzen wir sie aus.«

Hubert Brechbühl wunderte sich, denn er hatte im »Schwänli« nie eine Katze gesehen, und fragte: »Wo habt ihr sie denn?«

»Oben in der Wirtswohnung«, sagte Alex. »Sie ist ein richtiger Stubenhocker, und das ist auch besser so. In der Gaststube haben Katzen nichts verloren.«

»Also ich könnte mir schon vorstellen, eine Katze zu hüten«, sagte Hubert Brechbühl. »Darf ich sie mal sehen?«

»Komm mit«, sagte Alex und führte ihn die Treppe hoch. Hubert Brechbühl wollte noch nachfragen, was er mit »sie spinnt« gemeint hatte, aber Alex erzählte so begeistert, wie sie das Lager ausbauen wollten, dass er ihn nicht unterbrechen mochte, und als sie in die Wohnung kamen, vergaß er es. Denn erst stand Ruth in Unterwäsche da, weil sie vor der Reise noch alles waschen wollte, und er wusste gar nicht, ob und wie er sie begrüßen sollte (sie war dann sowieso schneller, sagte: »Ha, der Hubi«, und verschwand hinter der Schranktür), dann standen sie auch schon vor der Katze, die eingerollt hinter einem Gummibaum schlief.

»Er nimmt die Katze mit«, sagte Alex zu Ruth.

»Super, Hubi«, rief sie, »das gibt für den Rest des Jahres Freibier.« Erst einmal brachte sie aber ein Zwölferpack Futterdosen (inzwischen hatte sie immerhin die Schürze angezogen).

»Gefällt sie dir?«, fragte Alex ihn.

»Wer, die Katze?«, fragte er zurück. Er sah nur ein Knäuel weißes Fell. Mona wird sie bestimmt gefallen, dachte er und fragte, wie sie hieß.

»Caruso«, sagte Alex, »es ist ein Kastrat. Deshalb ist sie auch so fett.«

Das hatte er noch gar nicht bemerkt. Alex stellte den Katzenkäfig vor Caruso hin und weckte ihn mit einem mittleren Fußtritt. Caruso rannte gleich hinein und quetschte sich an die Rückwand.

Tatsächlich war der Käfig mit der Katze schwer, und weil Hubert Brechbühl unter dem anderen Arm das Katzenfutter trug, wäre er auf der steilen, dunklen Treppe fast gestürzt.

Zuhause stellte er den Käfig ins Wohnzimmer und öffnete das Türchen. Er hatte Angst davor, dass Caruso ihn anspringen oder beißen könnte, aber der blieb eingerollt im Käfig, bis Hubert Brechbühl zu Bett ging. Davor hatte er Caruso ein Tellerchen mit Wasser und eines mit Futter in die Küche gestellt.

Nachts hörte er es durch die geschlossene Tür rumpeln und nahm es als gutes Zeichen, dass Caruso sich hervorgewagt hatte. Am Morgen entdeckte er, dass vieles verwüstet war. Die Tücher im Bad lagen am Boden, und der Duschvorhang war aufgeschlitzt, ebenso wie die Kissen im Wohnzimmer. In der Küche war die Anrichte abgeräumt, überall lagen Scherben, nur das Futter war nicht angerührt. Caruso selbst fand er erst nach längerem Suchen, er hatte sich inzwischen ins Schlafzimmer geschlichen und auf dem Schrank versteckt. Als Hubert Brechbühl auf einen Stuhl stieg und mit ihm reden wollte, verkroch er sich immer mehr zur Wand hin, und weil Hubert Brechbühl vermeiden wollte, dass er in den Spalt fiel und sich etwas brach, zog er sich zurück.

Er kleidete sich an und klingelte bei Julia Sommer. »Nun habe ich eine Katze, also leihweise«, sagte er, »doch ich komme nicht mit ihr zurecht. Kennen Sie sich mit Katzen aus?«

»Nein«, sagte sie, »und wir müssen auch gleich los, Mona muss vor halb neun im Hort sein.«

»Ist das Onkel Brechbühl?«, rief Mona aus der Küche. »Holen wir jetzt die Katze?«

»Nein«, rief Julia zurück, und leise sagte sie: »Ich kriege sie nicht in den Hort, wenn sie das erfährt. Wir kommen am Mittag vorbei.« Damit schloss sie die Tür.

Hubert Brechbühl wagte sich allein gar nicht mehr in die Wohnung. Ohne Jacke verließ er das Haus, um Alice, die mit der Wackelkatze, um Rat zu bitten.

Auch Alice wollte gerade zur Arbeit in die Buchhandlung, und auch sie versprach nur, in der Mittagspause vorbeizuschauen. »Solange lass ihr dies hier laufen«, sagte sie und gab ihm eine indisch beschriftete Musikkassette.

Er war schon fast wieder zu Hause, als ihm einfiel, dass er gar kein Kassettengerät besaß, und machte dankbar einen Umweg zur Migros. Dort fand er Kassettengeräte für Kinder und kaufte eines mit einer Schildkröte darauf. Vielleicht wusste Caruso von Ruths Vorliebe und fühlte sich dadurch heimischer.

Caruso lag wieder in seinem Käfig, als er heimkam, hatte inzwischen ein bisschen gegessen, vor allem aber in alle Räume uriniert und gekotet. Als Erstes legte Hubert Brechbühl die Kassette ein – es war eine sehr monotone Musik, die schläfrig machte –, dann putzte er. Währenddessen erzählte er Caruso von sich, das heißt, von seiner Laufbahn als Tramchauffeur und welche Modelle er besonders liebte, danach von seiner Mutter, die oft gesagt hatte: »Wenn eine Katze sich putzt, gibt es gutes Wetter.« Auch eine Lehrerin aus der Primarschulzeit fiel ihm ein, die eine Katze in den Unterricht mitgebracht hatte, das war allerdings eine niedliche, kleine gewesen.

Dann kam endlich Alice. Sie hatte ein Spielzeug mitgebracht, einen Ball an einem Faden, damit lockte sie Caruso schnell hervor. Auch sie redete mit ihm, doch in einer Art Katzensprache. Hubert Brechbühl fand das befremdlich, doch Caruso schien es zu mögen. Erst ließ er sich von ihr streicheln, dann fraß er ihr sogar aus der Hand. »Der Arme ist ganz erschöpft«, erklärte sie Hubert flüsternd, während sie die Katze weiter fütterte.

»Ich kann nichts dafür«, versicherte er, »ich habe getan, was ich konnte.«

»Daran zweifle ich nicht«, sagte Alice. »Seine Erschöpfung geht viel tiefer. Caruso lebt mit Menschen, die ihn nicht verstehen. Er sieht auch krank aus. Wohngifte, würde ich sagen.«

»Er wohnt über dem ›Schwänli‹«, sagte Hubert Brechbühl.

»Da haben wir's«, sagte Alice. »Katzen ertragen keinen Lärm und keinen Rauch.«

Es klingelte. »Das sind Frau Sommer und Mona«, sagte Hubert Brechbühl und ging zur Tür.

»Sag ihnen, sie sollen leise hereinkommen«, bat Alice,

doch Mona kam schon hereingestürzt und wollte Caruso umarmen. Der floh wieder auf den Schrank.

»Komm runter, hässliche Katze«, befahl Mona, »sonst holt Onkel Brechbühl dich.«

»Das wird er nicht tun«, sagte Alice ruhig, doch bestimmt, dann fuhr sie fort, Hubert Brechbühl zu instruieren. »Caruso braucht viel Zuspruch«, erklärte sie. »Du musst seine Psyche aufbauen. Das Spiel mit dem Ball beispielsweise weckt seine Instinkte, er muss erst begreifen lernen, dass er eine Katze ist. Offensichtlich hat er nie gejagt. Eine Katze, die nicht jagen kann, entwickelt kein Selbstwertgefühl.«

»Und was meinst du mit Zuspruch?«, fragte Hubert Brechbühl etwas bang.

»Keine Ahnung«, sagte Alice. »Ich weiß nur, wie eine Frau das machen würde, du bist ein Mann und solltest ihm auch als Mann begegnen. Du wirst seine Vaterfigur sein.«

Er dachte daran, dass Caruso kastriert war, und fragte sich, ob das nicht alles noch verkomplizierte. »Ich soll ihn nur fünf Wochen hüten«, sagte er schließlich. »Ich fürchte, dass ich ihn in dieser Zeit mehr zusätzlich verwirre, als dass ich ihm guttue.«

»Ach so, das wusste ich nicht«, sagte Alice. Erst unterwies sie ihn noch schnell, wie er das Katzenklo einzurichten hatte und wo die Trinkgefäße und Fressnäpfe zu verteilen waren, dann sagte sie: »Gib euch einen Tag Zeit, Hubert. Behandle Caruso so liebevoll wie möglich, ohne ihm aber nachzustellen. Wenn er dich morgen Mittag noch nicht sucht, ruf mich an, dann hole ich ihn zu uns. Lizzy ist enorm empathisch und wird ihn schnell öffnen.«

»Wer ist Lizzy?«, fragte Julia.

»Meine Katze«, sagte Alice. »Und Ihre Tochter müssen Sie leider von Caruso fernhalten. Er kann mit so viel Ungestüm noch nicht umgehen.«

Mona hatte die ganze Zeit versucht, Caruso mithilfe der Gänseblümchen vom Schrank zu locken. »Ich wollte sowieso selber eine aussuchen«, sagte sie und gab auf. »Und ganz bestimmt nehme ich keine so fette.«

MAEVE BRENNAN

Ich sehe dich, Bianca

Mein Freund Nicholas ist so etwa der einzige Mensch, den ich kenne, der an der Stadt, wie sie heute ist, eigentlich nichts auszusetzen hat. Er findet New York völlig in Ordnung. Nicht, dass er besser dran wäre als der Rest von uns. Sein Viertel zerfällt genauso wie alle unsere Wohnviertel – zu viele Gebäude, die halb fertig sind, zu viele provisorische Gehsteige, zu viele abbruchreife Häuser mit großen X an den Fenstern. So ist die Stadt nun schon seit Jahren, unbehaglich und fast unzumutbar, doch bei aller Unsicherheit hat Nicholas es verstanden, das Gleichgewicht zu wahren. Er ist hier geboren, in einem Haus in der 114th Street in Sichtweite des East River, und er hat Vertrauen in die Stadt. Er glaubt, dass mit Entschlossenheit und Geduld jeder Mensch eine schöne Wohnung finden und sein Leben ganz nach Wunsch einrichten kann. Seine Wohnung würde, wo immer er lebt, ob in Rom, in Brüssel oder Manchester, ähnlich wie diese hier aussehen. Er hat eine Wohnung, die sich über das gesamte Stockwerk erstreckt – zwei Zimmer, die zu einem langen Zimmer verbunden sind, mit großen Fenstern an jedem Ende, in einem kleinen, sehr bescheidenen Sandsteinhaus aus der Zeit vor dem Bürgerkrieg in der East Twelfth Street nahe der Fourth Avenue. Sein Zimmer ist ein geräumiges Rechteck aus

Schatten und Licht – so hat er es gestaltet, höhlenartig und gastlich –, und es sieht aus, als hätten nicht zwei, sondern gleich zehn oder zwanzig Räume ihre besten Winkel, ihre besten Ecken und ihre bestgehüteten Geheimnisse an Tiefgründigkeit und Stimmung beigesteuert. Manchmal wirkt es wie der Vorraum zu vielen anderen Zimmern, manchmal wie der Fortsatz vieler anderer Zimmer. Es ist wie ein Teleskop, und zugleich wie das, was man durch ein Teleskop erblickt. Am meisten aber gleicht es einem hinter der Bühne verborgenen Privatzimmer in einem äußerst rührigen Theater, wo die Spielzeit in vollem Gange ist. Rätselhafterweise ist die Zimmerdecke mit geprägtem Blech verkleidet. Nachts scheint sich die gemusterte Decke mit den flackernden Schatten zu bewegen, und auch tagsüber schwebt hin und wieder ein Schatten langsam über das Blech, als suche er nach einem dauerhaften Refugium. Aber hier gibt es keine Dauer – hier gibt es lediglich die tapfere Vorspiegelung von Dauer, die kaum wesenhafter ist als der Schatten, der das Blech berührt. Das Haus ist zum Abriss bestimmt. Nicholas mietet sein Apartment monatsweise – es gibt keinen Mietvertrag und keine Zusicherung, dass er in einem Jahr oder auch nur in drei Monaten noch dort leben wird. Manchmal versagt mitten im Winter der Heizkessel, und dann gibt es für ein paar Tage einen Kälteeinbruch, bis der Heizkessel wieder repariert ist – der Vermieter ist viel zu vernünftig, als dass er für ein Haus, das über Nacht verschwinden könnte, einen neuen Heizkessel anschaffen würde. Wenn es in der Wohnung einen Defekt gibt, behebt Nicholas ihn selbst. (Dabei denkt er an die niedrige Miete, die er entrichtet, und nicht etwa an den Grund für die niedrige Miete.) Muss eine Wand oder eine Decke gestrichen werden, so streicht er sie eben. Wenn sich die Bücher auf dem Fußboden zu stapeln beginnen, bringt er, zusätzlich zu den Regalbrettern, die schon jetzt fast eine ganze lange Wand vom Boden bis zur Decke einnehmen, weitere Bretter an. Um eine schadhafte Stelle an der Stirnwand zu verdecken, baut er ein Wandschränkchen. Die beiden alten Zimmer, sein *eines* Zimmer, haben noch nie so viel Zuwendung erfahren wie jetzt in ihren letzten Tagen.

Das Haus liegt nach Norden, und Nicholas bewohnt das zweite Stockwerk. Seine Fenster blicken in nördlicher Richtung auf die Twelfth Street und nach Süden auf Hinterhöfe und auf Rück- und Giebelwände anderer Wohn- und Geschäftshäuser. Das Viertel ist eine Art Niemandsland, freudlos bei Tag und bedrohlich bei Nacht, ganz in der Nähe des Village, aber nicht Teil des Village und ebenso wenig Teil der Lower East Side. Die Twelfth Street ist an diesem Punkt sehr schmal und laut. Ältliche Gebäude, die nicht mehr sehr lange überdauern werden, stehen neben den riesigen, nichtssagenden Fassaden fast neuer Mietshäuser, und eine ununterbrochene Karawane streitsüchtigen, schwerfälligen Verkehrs wälzt sich auf die relative Freiheit der Fourth Avenue zu. Zur Rechten blickt Nicholas über die breite, aber unterentwickelte Fläche der Fourth Avenue, auf der der Verkehr stetig nach Norden rollt. Wie viele andere ausgesprochen hässliche Teile der Stadt nimmt sich die Fourth Avenue am besten bei Regen aus, besonders bei nächtlichem Regen, wenn die ganze Szenerie – Gebäude, Autos und Straße – von so schwarzer und greller Eindringlichkeit getränkt ist, dass sie schon wieder schön wirkt, solange man vor ihr in Sicherheit ist – in großer Sicherheit, mit beiden Füßen auf dem vertrauten Boden eines vertrauten Zimmers, das mit Büchern, Schallplatten, Pflanzen, Bildern und Zeichnungen, einem winzigen Klavier, Stühlen und Tischen und Spiegeln, einem länglichen Schreibtisch und einem Bett vollgestopft ist. Alles, was vertraut ist, befindet sich innerhalb, alles, was Missbehagen verursacht, außerhalb, und Nicholas kann an seinen Fenstern stehen und mit dem interesselosen Wohlgefallen eines Menschen, der über ein Rätsel nachsinnt, das er nicht erdacht hat und zu dessen Lösung er nicht berufen ist, auf den Lärm und das Gewirr hinausschauen. Von einem hohen Aktenschrank schaut auch Bianca, seine kleine weiße Katze, auf die Straße. Inzwischen ist es Nachmittag, die Sonne scheint, und Bianca sitzt dort oben auf dem Aktenschrank und schaut hinaus, aber nur, um in Nicholas' Nähe zu sein und um zu sehen, was er sieht. Aber sie sieht nichts.

Was ist das da draußen?

Das ist eine Aussicht, Bianca.

Und was ist eine Aussicht?

Eine Aussicht ist da, wo wir nicht sind. Wo wir sind, da ist nie eine Aussicht.

Bianca ist nur daran interessiert, wo sie ist, was sie sieht und was sie mit Nase und Pfoten zu berühren hoffen kann. Sie blickt hinab auf den Fußboden. Den kennt sie gut – das gewachste Holz und die kleinen Teppiche, die hier und da ausgebreitet sind. Den Boden kennt sie – wie sicher er ist, wie er sie immer abfedert, wenn sie hinabspringt, wie fest und vertraut unter ihren Pfoten, wenn sie sich anschickt, wieder hinaufzuspringen. Sie segelt gern durch die Luft, vom Bücherregal auf der einen Seite des Zimmers zu einem Tisch auf der anderen, segelt quer durchs Zimmer, ohne auf den Boden zu blicken oder ein Geräusch zu machen. Aber ob sie ihn nun anblickt oder nicht, sie weiß, der Boden ist stets da, der verlässliche Boden, der sich über das gesamte Apartment erstreckt. Sogar unter der altmodischen Wanne im Badezimmer, sogar unterm Bett und unter dem niedrigsten Bord in der Küche findet Bianca den wohlbekannten Boden vor, der in ihren ganzen drei Lebensjahren ihr ureigenstes Gelände – ihr Spiel- und Versuchsgelände – gewesen ist.

Nicholas hat jetzt lange dagestanden und auf die lärmende Twelfth Street gestarrt, und Bianca, die sich auf dem Aktenschrank aufrichtet, sich reckt und gähnt, blickt auf den Fußboden und entdeckt dort einen Flecken Sonnenlicht. Sie springt hinab, läuft hinüber zu dem Sonnenfleck und setzt sich hinein. Sehr schön ist es in der Sonne, und Bianca streckt sich gemächlich, bis sie der Länge nach in der Wärme liegt. Das heiße, kräftige Licht lässt ihr Fell weißer und dichter erscheinen. Jetzt ist sie schläfrig. Die Sonne, die ihren Augen die Farbe entzieht, bis sie leer und hell sind, hat auch ihren Knochen allen Widerstand entzogen, und sie wird willenlos und ergibt sich dem Schlaf. Ganz flach liegt sie dort auf dem glänzenden Boden – flach und verschwommen –, eine dünne Katze mit weichem weißem Fell und einem stumpfen, geduldigen ägyptischen Kopf. Sie schläft friedlich auf der Seite, die Vorderpfoten gekreuzt, die Hinterpfoten säuberlich hintereinander gelegt, und von Zeit zu Zeit zuckt ihr Schwanz nervös im Traum. Doch der Traum ist zu schwach, um sie zu umfangen, und sie lässt sich durch ihn hindurchfallen und immer weiter fallen, bis sie reglos in den Abgründen tiefsten Schlafes ruht. In dem Strahlenbündel, das sie bescheint, funkelt Staub auf, und jetzt ist Bianca staubfarben, blasser und reiner als jedes Weiß, und so schwerelos, dass sie sich zu verflüchtigen scheint, als wäre sie aus den Strahlen gemacht, die auf sie niederregnen, und müsse verschwinden, wenn diese verschwinden.

Bianca schläft nicht weit von Nicolas' Bett, das breit und niedrig ist und längs zur Wand steht. An diesem Punkt befindet sich ein Kamin hinter der Wand, den niemand dort vermutet hätte, weil er lange, bevor Nicholas die Wohnung bezogen hatte, zugemauert worden war. Aber am anderen Ende des lang gestreckten Zimmers hat er einen zweiten Kamin, und obwohl dieser schon vor Jahren den Geist aufgegeben hatte, war er nicht zugemauert worden, und Nicholas hat einen Garten darin angelegt, eine Art Gewächshaus. Die Pflanzen stehen in Reihen übereinander im Kamin und auf dem Fußboden dicht davor und gedeihen im immerwährenden Schein einer Glühbirne, die im Kamin verborgen ist. Irgendetwas blüht immer. Es gibt eine Pelargonie, eine Rosengeranie und schlichte Geranien in Pink und Weiß. Außerdem Begonien und Federfarne und ein weißes Veilchen und mehrere namenlose kleine Pflänzchen, die ihr Leben in winzigen Töpfen antreten. Der Krug, aus dem sie alle gewässert werden, steht neben ihnen auf dem Boden und ist stets gefüllt, da Bianca gern daraus trinkt und mitunter auch damit spielt, indem sie erst die eine, dann die andere Pfote eintunkt. Sie kräuselt das Wasser, damit sie hineinspähen und die seltsamen Untiefen studieren kann, die sie hervorgerufen hat. Sie klopft gegen die Blätter der Pflanzen, dann setzt sie sich hin und betrachtet sie. Vielleicht erhofft sie sich, dass sie zurückschlagen.

Ebenfalls an diesem Ende der Wohnung befindet sich Nicholas' Küche, die komplett eingerichtet und vom Rest des Zimmers durch eine hohe Theke getrennt ist. Die Küche bekommt volles Licht von einem der beiden Fenster, die Nicholas eine rückwärtige Aussicht bieten. Wenn er direkt hinüberblickt, sieht er die blinde Giebelwand eines alten Lagerhauses und darüber den Himmel. Blickt er nach unten, so sieht er einen vernachlässigten Flecken, ein winziges Stück Brachland, das früher einmal der Garten dieses Hauses war. Es ist ein jämmerliches Fleckchen Erde, versteckt und vergessen, eingeschlossen und nahezu immer im Schatten, doch wohnt dem Erdreich noch genügend Kraft inne, um einen verirrten Götterbaum zu empfangen und zu nähren, der dort aufgekeimt und unbemerkt gewachsen ist, bis er Nicholas' Fenster erreichte. Niemand sah den kleinen Baum am Souterrain und am ersten Stock hinaufwachsen, denn dort unten wohnt niemand, doch als der Baum das Fensterbrett von Nicholas' Zimmer berührte, hieß dieser ihn willkommen, als sei er, nachdem er sich unterwegs zu lange aufgehalten habe, endlich daheim angekommen. Nicholas liebte den Baum und führte sich auf, als habe man ihm den Schlüssel zu seinem Erbteil oder wenigstens eine Vision davon geschenkt. Er lehnte sich aus dem Fenster und betastete die Blätter, dann bestieg er die Feuerleiter und beugte sich über die Brüstung, um sich zu vergewissern, dass der Baum gesund war. Er fotografierte ihn und pflückte ein Blatt, um eine Zeichnung davon anzufertigen. Und der kleine Götterbaum, New Yorks Baum der Entbehrung, verwandelte sich unter seiner Berührung aus einem zu groß geratenen Unkraut in ein gigantisches Gewächs von ungeheurer Bedeutung. Von der Küchentheke aus sah Bianca ihm zu und schnurrte versonnen. Sie hatte die Pfoten unter der Brust abgeknickt und den Schwanz um sich geschlungen. Sie war zufrieden. Nicholas beim Götterbaum zuzuschauen war fast so gut wie Nicholas am Herd zuzuschauen. Als er wieder ins Zimmer kletterte, behielt sie weiterhin die wenigen Blätter im Auge, die hoch genug waren, um sich zitternd an der Kante des Fensterbretts zu zeigen. Nicholas blieb stehen und betrachtete sie, aber sie nahm keine Notiz von ihm. Als sie ins Licht starrte, wurden ihre Augen blasser, und als sie blasser wurden, wurden sie klarer. Sie wirkte hellwach, nahm aber noch immer keine Notiz von ihm. Er wollte sie ärgern. Er schrie sie an. »Bianca!«, schrie er. »Ich sehe dich!« Bianca verengte die Augen. »Ich sehe dich!«, brüllte Nicholas. »Ich sehe dich, Bianca. Ich sehe dich, Bianca. Ich sehe dich. Ich sehe dich. Ich SEHE dich!« Dann verstummte er, und nach einer Minute wandte Bianca den Kopf und sah ihn an, aber nur, um ihm zu beweisen, dass hier kein Wettstreit vorlag – ihr Wille war stärker, weshalb bemühte er sich überhaupt? –, und dann sah sie wieder weg. Sie hatte gewonnen. Das tat sie immer.

Im Sommer regnet es – ein plötzlicher Sommerregen, der gegen die Fensterscheiben trommelt und bewirkt, dass der Götterbaum vor lauter Dankbarkeit, dass er endlich einmal genug Wasser bekommt, taumelt und erschauert. Was für ein Wetterumschwung, wenn der schwere, atemlose Sommer sich hebt, um eine neue Welt der Freiheit zu enthüllen – freie Luft, freie Bewegung, saubere Straßen und saubere Dächer und sorglosen Schlaf. Bianca starrt auf den Regen, der am Fensterglas herabrinnt. Ein Tropfen überlebt das Getrommel und rollt unangefochten die Scheibe herab. Bianca springt auf ihn zu und fängt ihn durchs Glas hindurch. Mit der Pfote zerdrückt sie ihn, sodass sie ihn nicht mehr sehen kann. Dann betrachtet sie ihre kalte Pfote, und als sie sieht, dass diese leer ist, fängt sie an, sie zu putzen, indem sie gereizt daran herumkaut. Doch eine Pfote führt zur anderen, und sie hat vier davon. Sie putzt sich emsig. Ihren einzigen Pelz behandelt sie pfleglich. Nie ist sie müßig – da ist ihre Körperpflege, da sind ihre Erkundungsgänge, und schließlich muss sie sich ja auch um Nicholas kümmern. Er kommt und geht so häufig, und oft wartet sie am Treppenabsatz auf ihn, sodass er, wenn er von außen die Tür öffnet, als Erstes sie erblickt. Wenn er in der Wohnung ist, bleibt sie in seiner Nähe. Falls sie gerade auf Erkundung gegangen ist, wenn er nach Hause kommt, erscheint sie am Fenster, noch bevor er den Mantel abgelegt hat. Sie geht oft aus, die Feuerleiter auf und ab, die Innentreppe auf und ab, die zum oberen Apartment und aufs Dach führt. Sie streunt. Nicholas weiß davon. Ihm gefällt die Idee, dass sie frei ist.

Bianca und der Götterbaum versehen Nicholas mit jener zusätzlichen Dimension, nach der alle Mieter sich sehnen. Leute, die keine Terrasse und keinen Garten besitzen, sehnen sich danach, den eigenen vier Wänden zu entkommen, wollen sich aber nicht allzu weit entfernen. Sie wollen nur für einen Augenblick hinaustreten. In Sommernächten und an Sommertagen stehen sie vor ihren Mietshäusern, stehen in Gruppen herum oder sitzen gemeinsam auf den Außentreppen ihrer Gebäude, machen einen kleinen Gang und schauen sich auf der Straße um. Manchmal tragen sie einen Stuhl hinaus, damit auch eine ältere Person mal an die frische Luft kommt. Die Ellbogen auf das Fensterbrett gestützt, lehnen sie sich aus den Fenstern und blicken in die Gesichter ihrer Nachbarn in den Fenstern der gegenüberliegenden Straßenseite. Alle wollen sie den Zimmern entrinnen, in denen sie wohnen. Sie sind froh, darin wohnen zu können, nicht aber, darin eingeschlossen zu sein. Das sollte doch kein Problem sein, ein Dach über dem Kopf zu haben, ohne deswegen gleich weggesperrt zu sein. Die Fensterbretter sind Sicherheitsluken ins Freie, ebenso die Feuerleitern, die Dächer und die Außentreppen. Bianca und der Götterbaum machen Nicholas' Leben unendlich weiträumig. Der Götterbaum wirft sein frisches grünes Licht ins Zimmer, und wann immer Bianca um das ganze Haus, durch die ganze Wohnung oder treppauf, treppab spaziert, nimmt sie einen Faden von Nicholas' Leben mit. Wo geht sie sonst noch hin? Niemand weiß es. Nie ist sie dabei gesehen worden, dass sie sich von den Mauern des Hauses entfernt hätte. Nicholas weist seine Freunde darauf hin, dass es möglich ist, eine Katze in einer Wohnung zu halten, ohne sie deswegen zur Gefangenen zu machen. Er sagt, Katastrophen ereilen nur diejenigen, die sie anziehen. Er sagt, Bianca sei sehr klug, ihr werde nie etwas zustoßen.

Sie sitzt gern auf den Fensterbrettern der Mieter im obersten Geschoss, aber von denen besucht sie keinen, es sei denn, man bittet sie herein. Auch sitzt sie gern in den

Überresten des Gartens, den Nicholas einst auf dem Dach angelegt hatte. Sie hatte ihm dabei zugesehen. Es war ein richtiger Garten, der prächtig wuchs, bis einer der Mieter im obersten Stock sich bitterlich darüber beklagte, dass Wasser durch seine Zimmerdecke tropfte. Sogar Pflanzen, die widerstandsfähig genug sind, dass sie in einem flachen Beet aus städtischem Staub und Ruß gedeihen, müssen gegossen werden. Nicholas klettert heute noch aufs Dach, nicht etwa um seinen Garten zu betrauern – der war ein Experiment, das er keineswegs bereut –, sondern um sich in der Welt Gullivers umzusehen, in der er lebt: die neuen Gebäude, die zu hoch sind für die Straßen, in denen sie stehen, und die älteren, kleineren Gebäude, die zu allem in einem Missverhältnis stehen außer zu der Vergangenheit, die sie bald verschlucken wird. Von der Straße aus, aber auch von einem Fenster aus wirkt die Stadt oft wie eine ohne jeden Sinn und Verstand hochgezogene und vom Chaos heimgesuchte Stätte. Erst von den Dächern aus bekommt man die Stadt richtig in den Blick. Ein Dach hat die richtige Proportion zu dem Gebäude unter ihm, und von jedem Dach aus lässt sich leicht erkennen, dass all die anderen Dächer und Mauern das richtige Verhältnis zueinander und zur Stadt haben. Die Gebäude stehen dicht gedrängt, ohne Rücksicht auf Größe oder Höhe, und Licht und Schatten huschen über sie hinweg, sodass die Szenerie sich mit jeder Minute verändert. Der Kampf um Raum in Manhattan erzeugt in der Luft über den Straßen ein ozeanisches Tosen, und jedes Dach verwandelt sich, sobald jemand darauf steht, in einen fliegenden Teppich.

Nicholas klettert über seine Feuerleiter aufs Dach, aber

wenn er das Dach verlässt, um wieder in seine Wohnung zurückzukehren, nimmt er das Treppenhaus, drei Treppen bis zu seinem eigenen Absatz oder ganz nach unten bis zum Erdgeschoss. Das Haus gefällt ihm, und er bewegt sich gern darin. Bianca folgt ihm. Sie lässt sich gern zu einem Spaziergang ausführen. Sie spaziert gern im Hausflur herum, wo sich die Tür zur Straße befindet. Es ist ein alter Hausflur, alt und beengt, der passende Eingang für ein Einfamilienhaus, das dieses Gebäude einstmals war. Wenn man von der Straße hereinkommt, befinden sich linkerseits zwei Türen, die in das vormalige Wohnzimmer und Esszimmer führen. Heute sind die Türen stets verschlossen – dort wohnen keine Mieter. Der Hausflur ist schmal und wird von der Treppe halbiert, die zu Nicholas' Flur hinaufführt. Unter der Treppe, neben der Tür, die ins Souterrain führt, gibt es einen geheimnisvollen Verschlag, groß genug für Galoschen oder Weinflaschen oder einen sehr kleinen Reisekoffer. Niemand weiß, wozu der Verschlag dient, aber Bianca wählte ihn als eins ihrer Verstecke, und dort sah Nicholas zuerst nach, als ihm bewusst wurde, dass er sie den ganzen Tag nicht gesehen hatte – soll heißen: seit ungefähr zehn Stunden. Er war überzeugt, dass sie sich in dem Verschlag aufhielt und herausgelockt werden wollte. Er rief vom Treppenaufsatz aus nach ihr, dann ging er nach unten und rief nach ihr, dann kniete er nieder und spähte in den dunklen, kleinen Schlupfwinkel. Bianca war nicht da, sie war auch nicht auf dem Dach oder unter dem Bett oder am Fuß des Götterbaums, um an ihm hinaufzuklettern, und war auch sonst nirgendwo. Bianca war verschwunden. Sie war nirgends zu finden. Nirgendwo.

Biancas Geschichte hat kein Ende, da niemand weiß, was mit ihr geschehen ist. Mittlerweile ist sie schon seit mehreren Monaten verschwunden. Nicholas hat es aufgegeben, Suchanzeigen in die Zeitung zu setzen, und er hat all die kleinen Kärtchen abgenommen, die er in der Reinigung und im Lebensmittelladen und in der Drogerie und im Blumengeschäft und im Schuhputzladen angebracht hatte. Er hat aufgehört, auf der Straße nach ihr Ausschau zu halten. Zuerst war er durch die Straße gelaufen und hatte ihren Namen geflüstert, und eines Nachts hatte er sich dabei ertappt, wie er nach ihr brüllte. Er war wütend auf sie. Er sagte sich, dass er sie, wenn sie in diesem Augenblick aufgetaucht wäre, umgebracht hätte. Jedenfalls hätte er sich nicht gefreut, sie wiederzusehen. Eigentlich wollte er nur wissen, ob sie noch am Leben war oder tot. Aber keine Nachricht von Bianca, und keine Nachricht von irgendwem, der wirklich etwas von ihr wusste, obwohl dauernd das Telefon klingelte, weil irgendwelche Leute sie gesehen zu haben glaubten, sodass er viele Stunden damit verbrachte, auf eine Falschmeldung hin in der Nachbarschaft herumzurennen. Es nützte nichts. Sie blieb verschwunden. Er rief sich in Erinnerung, dass er eigentlich gar keine Katze gewollt hatte. Er hatte Bianca nur deswegen aufgenommen, weil ein Freund von ihm, der zu viele Kätzchen hatte, ihn darum gebeten hatte. Jetzt fragt er sich, was Bianca wohl zugestoßen sein mag, doch stellt er sich die Frage immer seltener. Inzwischen, sagt er sich, ist sie geschrumpft, sodass sie wenig mehr ist als eine gelegentliche Irritation seines Gemüts. Eigentlich vermisst er sie gar nicht richtig. Schließlich brachte sie nichts mit in die Wohnung als ihr Schweigen. Sie war sehr still und nicht sonderlich verspielt. Zwar wälzte und drehte sie sich gern und schlug im Mondlicht mit der Pfote nach der Luft, ansonsten aber war sie beinahe träge. Aber was immer sie war, jetzt ist sie verschwunden, und Nicholas denkt, wenn er nur mit Bestimmtheit wüsste, was ihr zugestoßen ist, hätte er sie längst vollkommen vergessen.

INGRID NOLL

Katerlieschen

Vor einem halben Jahr hat sich mein Leben durch den Tod meiner Mutter insofern drastisch verändert, als ich den Gürtel plötzlich enger schnallen musste: Zwar habe ich Mutters Reihenhäuschen geerbt, aber ihre Rente fiel nun weg. Ich habe Klavierkammermusik mit Hauptfach Liedbegleitung studiert, aber leider keine Stelle an der Hochschule erhalten. Immerhin kann ich mich einigermaßen über Wasser halten, wenn ich täglich mindestens vier Gesangstudenten und wöchentlich je einen Laien-, Kirchen- und Frauenchor betreue.

Als erste Sparmaßnahme vermietete ich eines der vier Zimmer an Justyna, die tagsüber als Altenpflegerin arbeitet und an zwei Abenden in der Volkshochschule Deutsch lernt. Sie war es auch, die schon nach wenigen Wochen mit einem jungen Kätzchen nach Hause kam, was meine strenge Frau Mama niemals geduldet hätte. Meine Schüler amüsierten sich sehr, wenn unser Lieschen oben auf dem Flügel Unsinn trieb und den zuckenden Schwanz abwärts baumeln ließ, während ich den Erlenkönig samt Kron' und Schweif begleitete.

An manchen Abenden, wenn sowohl Justyna als auch ich zu Hause sind, singt sie mir vor. Sie hat mir ein polnisches Liederbuch besorgt, denn sie selbst kennt und braucht keine Noten, die Texte hat sie sowieso im Kopf. Für mich ist es eine willkommene Abwechslung, nach unzähligen *Winterreisen* und *Schönen Müllerinnen*, Brahms- und Silcher-Liedern nun mal Poesie in einer fremden Sprache zu hören und eine unverbildete, aber hoch musikalische Sängerin zu unterstützen. Justyna hat eine kräftige Statur und ebensolche Altstimme, sie singt voller Inbrunst und ohne die geringsten Skrupel.

Eines Tages zog Justyna das polnisch-deutsche Wörterbuch aus dem Regal und begann zu blättern.

»Wenig geschlafen, sehr laut heute Nacht«, begann sie, pausierte und suchte weiter, »heute Nacht hat Katz ...« Sie stoppte wieder, bis sie endlich das deutsche Wort fand. »... hatte Katz Geschlechtsverkehr!«, buchstabierte sie.

Ich war entsetzt. »Aber Lieschen ist ja noch ein halbes Kind!«, rief ich. »Und nicht sterilisiert! Sie wird Junge kriegen! Was machen wir nur!«

»Katz kriegt kein Baby, ist Mann«, sagte Justyna, und ich glaubte ihr, denn sie stammte vom Lande und kannte sich besser aus als ich. Der Kater wurde umgetauft, hörte nun ebenso wenig auf Fritz wie vorher auf Lieschen und durfte nachts das Haus nicht mehr verlassen. Am frühen Morgen wurde ich oft von seiner rauen Zunge geweckt.

Ich war naiv genug, diese Geschichte bei den nächsten Chorproben sowie den Studenten gegenüber zum Besten zu geben. Weil ich Männchen nicht von Weibchen unterscheiden konnte, brauchte ich fortan für den Spott nicht zu sorgen. Außerdem hatte ich meinen Spitznamen weg: Katerlieschen.

Es hatte sich bald herumgesprochen, dass ich statt eines Mannes einen Kater im Bett hatte, und allerlei Schabernack war die Folge. Neulich erschien der Bariton mit einer Sopranistin im Schlepptau. Die beiden wurden sonst zu völlig unterschiedlichen Zeiten bestellt – jetzt wollten sie mit einem frechen Grinsen das *Katzenduett* von Rossini einstudieren. Und als ob das nicht schon genug war, wünschte sich der Kirchenchor ein Madrigal aus der Renaissance, bloß weil Hund, Katze, Kuckuck und Eule mit ihren ureigensten Lauten darin vorkommen. *Contrapunto bestiale* ist zwar ein hübsches Stückchen, doch die Banausen hatten es nur deshalb ausgesucht, weil sie für die anstehende Probe meinen tierischen Mitbewohner als Solisten gewinnen wollten, denn auch unter alten Betschwestern gibt es alberne Spaßvögel.

Mit Sicherheit wurde bereits früher über mich gelästert. Die Sänger sind zwar zu anständig, um über mein Glasauge herzuziehen, aber mein rheinischer Tonfall tut es auch. Wahrscheinlich passt auch meine Vorliebe für heitere Farben nicht mehr recht zu meinem Alter: Rosa, Violett mit Gold und Silber. Doch warum soll ich in Grau, Braun oder Schwarz herumlaufen, wo ich schon im düsteren Ambiente meiner Mutter leben und bei öffentlichen Veranstaltungen wie ein Schornsteinfeger auftreten muss? Ich bin relativ klein und ein wenig kurzbeinig, Hosen stehen mir nicht. Meine schwingenden bunten Röcke sind wohl für die Spießer in ewiger Einheitskleidung zu exotisch, sie würden mich lieber in Jeans und schwarzem Rollkragenpullover sehen. Bevor man mich Katerlieschen taufte, raunte man sich im Flüsterton spöttische Bemerkungen über *Miss*

Piggy oder *Funkenmariechen* zu, was meinen Luchsohren nicht entging. Direkt bösartig war das alles nicht, ich konnte damit leben. Aber ich ärgerte mich durchaus, dass im Frauenchor bei meinem Eintreten *Katzeklo* gesungen wurde und ich zu Ostern Katzenzungen geschenkt bekam. Eines Tages beschloss ich, blöde Witze mit ebensolchen zu vergelten. Wenn ihr mich zur Katze macht, dann sollt ihr zu Mäusen werden, grau wie ihr seid, dachte ich und beschloss, meinen lang gehegten Plan endlich in die Tat umzusetzen und eine Oper zu schreiben. Musicals wie *Cats* und *Aristocats* waten ja bereits abgenudelt, aber gab es schon eine Mäuse-Oper?

Zugegeben, mein Werk geriet eher zum kurzen konzertanten Singspiel, der Text des Librettos war mehr als dürftig, es gab nur drei Choreinsätze, keine Rezitative, kein Orchester und also auch keine Ouvertüre oder weitere Instrumentalstücke, doch immerhin einige Soloparts: für zwei meiner Studenten eine kleine Arie, für die beiden anderen ein Duett. Justyna war die Einzige, die ich einweihte, wahrscheinlich auch die Einzige, die von meinen kompositorischen Experimenten hellauf begeistert war. Die Aufführung sollte im Gemeindehaus der evangelischen Kirche stattfinden, weil dort keine Saalmiete zu entrichten war. Ein Bühnenbild oder Kostüme waren aus finanziellen Gründen leider nicht machbar, aber Justyna setzte sich kühn an die alte Tretmaschine meiner Oma und nähte aus den grauen Gardinen meiner Mutter zwei Paar überdimensionale Ohren, mit denen sogar Micky Maus Staat gemacht hätte. Dazu ein paar aufgemalte Schnurrbarthaare, graue T-Shirts, ein Bindfaden als Schwänzchen, und fertig sei die Mäusetruppe, meinte sie stolz. Ich stellte mir den Gefangenenchor aus *Nabucco* vor und grinste. Wenn ich meine drei Gesangvereine versammelt auf die Bühne brachte, waren es insgesamt 72 graue Mäuse, die ihr trauriges Schicksal beklagen würden. Justyna schluckte ein wenig bei dem Gedanken, 144 Ohren nähen zu müssen; ich wies sie darauf hin, dass auch die vier Solisten Mäuse darstellten und noch acht weitere Lauscher nötig seien. Wir beschlossen daher, die vier bereits fertigen Exemplare für die beiden Katzen zu verwenden, die 76 Mäuse sollten sich gefälligst ein Paar Ohren aus Pappe basteln.

Meine Mäuse probten – getrennt nach Solisten und drei größeren Gruppen – ganz gutwillig mit mir, ohne allerdings den genauen Inhalt der Oper zu kennen; auch meine eigene Rolle verschwieg ich tunlichst. Erst bei der Generalprobe sollten alle gemeinsam auftreten. Die Chorsänger waren zwar etwas befremdet über ihren Text, bildeten sich aber ein, dass es für die Stimmbildung wohl erforderlich sei, nicht immer nur *mimimimi* und *falalalala,* sondern auch mal leise und kläglich *piepiepiep* zu intonieren.

Der große Tag der Generalprobe war gekommen, die Sänger waren ein wenig aufgeregt. Nach dem Einsingen formierten sie sich auf der Bühne und fingen sofort an zu tuscheln, denn sie kannten Justyna nicht. Einer riesigen ägyptischen Bastet-Katze gleich thronte sie im Hintergrund auf einem Podest, hatte die großen Ohren angelegt, trug den räudigen Fuchspelz ihrer Großtante und erhob wie Minz und Maunz warnend ihre Pfoten. Jetzt erst dämmerte es dem Mäusechor, dass sie Leibeigene einer mächtigen

Herrscherin und ihre Lieder das reine Lamento waren. Nach dem ersten Einsatz ihrer tristen Piepserei klagte der Tenor in einer melodiösen Arie über das trostlose Schicksal seines Volkes, es schloss sich erneut das Gewinsel der grauen Masse an und schließlich die Arie einer schmächtigen Sängerin, deren schrille Stimme in unübertroffene Höhen kletterte.

Ich bewundere alle Musiker, die improvisieren können, denn mir ist es leider noch nie gelungen. Zu meiner höchsten Verwunderung fing nach dem letzten Solo, das ich in Ermangelung eines Klaviers oder gar Flügels auf dem Keyboard begleitet hatte, Justyna nicht etwa zu singen an, sondern bizarre Töne von sich zu geben. Sie schnurrte, miaute und mauzte so hemmungslos und atonal, dass sie wohl auf den Darmstädter Tagen für Neue Musik den ersten Preis errungen hätte. Regungslos lauschten die Chorsänger, den vier verblüfften Studenten stand der Mund offen. Schließlich stürmte Justyna wie eine Furie vom Podest herunter, fuhr die Krallen aus und scheuchte die Mäuse mit polnischen Flüchen und Furcht erregendem Fauchen bis an den vordersten Bühnenrand; der Bass stürzte polternd hinunter. Da die Probe an einem Nachmittag stattfand, saßen die Kinder vieler Chorsänger im Publikum. Man hatte sie zwar zuvor ermahnt, artig still zu sitzen und zuzuhören, aber nun sprangen sie auf, schrien und hielten sich wie bei einem spannenden Film die Hände vor die Augen.

Schleunigst bedeutete ich sowohl Justyna als auch allen anderen, sich wieder auf ihre Plätze zurückzuziehen, und gab den Einsatz für das nächste Stück. Nach einem etwas tranigen Duett von Bariton und Sopran folgte der letzte

Chorgesang, dann mussten sich alle rechts und links von mir aufstellen, weil mein eigener Part das krönende Finale bilden sollte.

Doch die große polnische Katze hatte Blut geleckt. Justyna war es gewohnt, pflegebedürftige Senioren aus ihren Betten zu wuchten, und es machte ihr kaum Mühe, ein Leichtgewicht wie mich zu packen und mit Schwung auf ihre starken Schultern zu hieven. In meinem schwarzen Anzug, den ich mit rosa Schleifen etwas aufgebrezelt hatte, saß ich dort wie ein Äffchen auf dem Schleifstein.

»Nu sing du!«, zischte sie mir zu. In dieser erhöhten – ebenso unbequemen wie ungewohnten Position – verharrte ich sekundenlang wie paralysiert, aber da es inzwischen mucksmäuschenstill geworden war, musste ich über kurz oder lang die Katze aus dem Sack lassen. Etwas nervös und heiser sang ich also die Arie wider die Mäuseplage:

Graue Mäuse können piepen,
können pfeifen, können fiepen,
aber singen leider nicht.
Grausam ist das Strafgericht!
Lasst ihr nicht die Flausen sausen,
wird euch bald die Katze mausen!

Nieder mit euch in den Staub!
Zittert bang wie Espenlaub!
Auf die Knie mit euch Getier,
denn die große Katz' ist hier!
Niemals solltet ihr vergessen:
Jede Maus wird mal gefressen.

Daraufhin fielen die armen Nager auf die Knie und flehten um Gnade. Es war ein großer Triumph für Justyna und mich, den wir bei der Premiere und jeder weiteren Aufführung in vollen Zügen genossen.

MEIR SHALEV

Kater Kramer

Auch ein Grab habe ich im Garten, zur Erinnerung daran, dass nicht nur Leben, Keime und Blüten, Farben und Düfte darin sind, sondern auch der Tod. Ich meine nicht den zyklischen, wiederkehrenden Tod der einjährigen Pflanzen, die am Anfang des Winters keimen und an seinem Ende aufblühen, Samen bilden und im Sommer absterben, und nicht das, was wie Tod aussieht, aber nichts als ein Schlummern der Knollen- und Zwiebelpflanzen ist, sondern den überraschenden, unwiderruflichen Tod, der plötzlich zuschlägt und schmerzt.

Einige solche Todesfälle habe ich im Garten zu beklagen gehabt: das Absterben meines Zitronenbaums, von dem ich noch erzählen werde, die Hinrichtung des Paternosterbaums, von der ich bereits erzählt habe, und den Tod meines geliebten Katers, Kramer, der zu Lebzeiten der unangefochtene Herrscher über den Garten war und heute darin begraben liegt.

Kramer war etwa ein Jahr alt, als er zu mir kam, und hat rund elf Jahre bei mir gelebt. Die meiste Zeit verbrachte er in tiefem Schlaf, wie im ersten der drei Kinderbücher geschildert, die ich über ihn geschrieben habe *(Kater Kramer schläft immer)*. Aber wie für eine andere geliebte Gestalt der hebräischen Literatur galt für ihn: Er schlief, doch sein

Herz war wach – aber nicht aus romantischen, sondern aus taktischen Gründen. Auch im Schlaf passte er auf, dass kein Hund und keine andere Katze den Garten betraten.

Kramer schlief viel und gern, und neben seinen Schlummerecken im Haus hatte er auch im Garten mehrere Schlafstätten. Sein Lieblingsplatz lag im Schatten des Kreuzdorns, in der Nähe der Madonnen-Lilien und des Verbena-Strauchs. Zuerst dachte ich, er hätte ihn wegen der lieblichen Düfte gewählt, doch als ich mich eines Tages probeweise selbst dort ausstreckte, sah ich, wie wohlüberlegt er war: Von seinem Liegeplatz aus überblickte Kramer fast das ganze Gebiet vom Haus bis zur Straße inklusive des Zugangswegs von der Straße zur Haustür. Wenn ich sie öffnete, sah ich ihn dort liegen, und immer schlug er die Augen auf, und wir tauschten Blicke und Miaus, aber wer von der Straße in den Garten kam, bemerkte ihn erst, wenn er sich erhob.

War der Gast ein fremder Mensch, ignorierte Kramer seine Anwesenheit. War es ein bekannter Mensch, ging er hin, um guten Tag zu sagen. Und war es ein Hund oder eine Katze, stürmte er ohne Vorwarnung los. Beide flüchteten, aber während die Katzen einfach kehrtmachten und türmten, ließen die Hunde auch noch ein lautes, ängstliches Jaulen vernehmen, das uns beide sehr belustigte.

Nichts an Kramers Äußerem deutete auf diese Angriffslust hin. Er war zwar ein großer Kater, schwarz von der Schwanz- bis zur Nasenspitze, aber plüschig und mollig und umgänglich. Er ließ weder besonderen Elan noch große athletische Fähigkeiten erkennen. Er gehörte auch nicht zu den Katzen, die Präsente in Form von massakrierten

Eidechsen oder aufgeschlitzten Vögeln heimbringen. All diese kleinen Geschöpfe waren unter seiner Würde, sah er aber eine Ratte oder eine Schlange, trat er sofort mutig in Aktion: Er lief nach Hause und rief mich, damit ich das Problem anging.

Er hatte einen besonderen Laut dafür, einen seiner Laute und Rufe, die ich verstehen gelernt hatte. Dazu gehörte der Laut für »ich will raus« und der für »ich will rein«, der für »ich will Futter« und der für »das habe ich nicht gern«, und der ausführlichste, der flehte: »Lass uns heimkehren. Ich will nicht zum Tierarzt.« Dieser Satz wurde übrigens in einem einzigen Wort ausgedrückt, das sich die ganze Fahrt zur Praxis wiederholte, dem Wort »gau«. Es ist meine Überzeugung, dass mit Kramers Tod nicht nur ein wunderbarer Kater gestorben ist, sondern auch der letzte Vertreter einer raren Katzengattung, die den Konsonanten G zu bilden vermochte.

Kramer starb an einem Nierenversagen, das ein allgemeines Organversagen nach sich zog. Seine letzten Tage verbrachte er in der Klinik seines treuen Leibarztes, Dr. Yair Ben Ziony, der alles unternahm, um ihn zu retten, und ihn am Ende, als klar wurde, dass nichts mehr half und Kramer sichtlich litt, auf meine Bitte hin einschläferte.

Wie gesagt begrub ich ihn unter dem Kreuzdorn, nahe bei den Madonnen-Lilien und dem Verbena-Strauch, dort, wo er gern bei seiner Wache einpennte. Sooft ich dort vorbeikomme, mehrmals am Tag, denke ich an ihn und vermisse ihn. Wir waren in Liebe und Verständnis verbunden, und jeden Morgen, wenn ich die Tür aufmache, frage ich mich, warum er nicht aus seiner Schlafkiste steigt – nachts schlief er gern draußen, neben der Haustür –, sich reckt und ins Haus trottet.

Kramer war meine erste – und bisher einzige – Katze. Die Nachricht von seinem Tod verbreitete sich rasch im ganzen Dorf, und schon am nächsten Tag sprachen mehrere Katzen vor, in der Hoffnung, seine Stelle zu bekommen. Aber Katzen sind sehr verschiedenartige Wesen, viel mehr als Hunde, und ich fand unter den Anwärtern keinen würdigen Ersatz, der seinen Platz in meinem Herzen und in meinem Haus hätte einnehmen können. Einige sind hübscher als er, die meisten wacher als er, aber keiner ist so wie er. Man sagt, kein Mensch sei unersetzlich, aber das gilt offenbar nicht für meinen Kater.

Nachweis

Der Verlag dankt folgenden Rechteinhabern für die Genehmigung zum Abdruck:

Caroline Alexander (*1956, Florida)

Mrs. Chippys letzte Expedition in die Antarktis. Auszug aus der gleichnamigen Ausgabe. Originaltitel: *Mrs. Chippy's Last Expedition*. Copyright © 1997 by Caroline Alexander. Reprinted by permission of HarperCollins Publishers. Copyright der deutschsprachigen Ausgabe © Scherz Verlag, Bern, München, Wien 1999. Alle Rechte vorbehalten S. Fischer Verlag GmbH, Frankfurt am Main. Aus dem Englischen von Anne Büchel.

James Bowen (*1979, Surrey)

Weggefährten. Aus: ders., *Bob, der Streuner. Die Katze, die mein Leben veränderte*. Copyright © 2012 by James Bowen und Garry Jenkins. Copyright der deutschsprachigen Ausgabe © 2013 by Bastei Lübbe AG, Köln. Mit freundlicher Genehmigung von Bastei Lübbe. Aus dem Englischen von Ursula Mensah.

Maeve Brennan (1917, Dublin–1993, New York)

Ich sehe dich, Bianca. Aus: dies., *Tanz der Dienstmädchen. New Yorker Geschichten*. Copyright © 2000 by The Estate of Maeve Brennan. Copyright der deutschsprachigen Ausgabe © 2010 Steidl Verlag, Göttingen. Aus dem Englischen von Hans-Christian Oeser.

Anton Čechov (1860, Taganrog–1904, Badenweiler)

Der Kater. Aus: ders., *Gesammelte Romane und Novellen. Band V*. Musarion Verlag, München 1920. Aus dem Russischen von Alexander Eliasberg.

Sir Arthur Conan Doyle (1859, Edinburgh–1930, Crowborough)
Die brasilianische Katze. Aus der gleichnamigen Erzählsammlung. Ullstein Verlag GmbH, Frankfurt am Main–Berlin, 1988. Aus dem Englischen von Rudolf Rocholl.

Julia Franck (*1970, Berlin)
Die Schöne aus Siam im kalten Norden. Erstmals erschienen in: Ruth Rybarski (Hrsg.), *Katze liebt Frau liebt Katze*. Residenz Verlag, St. Pölten–Salzburg 2011. Copyright © 2011 by Julia Franck.

Petra Hartlieb (*1967, München)
Das Lächeln der Siegerin. Erstmals erschienen in: Ruth Rybarski (Hrsg.), *Katze liebt Frau liebt Katze*. Residenz Verlag, St. Pölten – Salzburg 2011. Copyright © 2011 by Petra Hartlieb.

Takashi Hiraide (*1950, Kitakyūshū)
Der Gast im Garten. Auszug aus dem gleichnamigen Roman. Copyright © 2001 Takashi Hiraide. Copyright der deutschsprachigen Ausgabe © Insel Verlag Berlin 2015. Aus dem Japanischen von Ursula Gräfe.

Tove Jansson (1914, Helsinki–2001, ebd.)
Die Katze. Auszug aus: dies., *Das Sommerbuch*. Copyright © 1972 by Tove Jansson. Copyright der deutschsprachigen Ausgabe © 2014 by Bastei Lübbe AG, Köln. Mit freundlicher Genehmigung von Bastei Lübbe. Aus dem Schwedischen von Brigitta Kicherer.

Tessa Korber (*1966, Grünstadt)
Bonnard. Auszug aus: dies., *Die Katzen von Montmartre*. Kriminalroman. Copyright © 2016 btb Verlag, München, in der Verlagsgruppe Random House GmbH.

Tim Krohn (*1965, Rheda-Wiedenbrück)
Gutherzigkeit. Auszug aus: ders., *Herr Brechbühl sucht eine Katze. Menschliche Regungen Band 1.* Diogenes Verlag AG 2018. Erstmals erschienen bei Galiani Berlin. Copyright © 2017, Verlag Kiepenheuer & Witsch GmbH & Co. KG, Köln.

Donna Leon (*1942, Montclair, New Jersey)
Tigger. Originalbeitrag für diese Anthologie. Abdruck mit freundlicher Genehmigung der Autorin. Copyright © 2019,

Diogenes Verlag AG Zürich. Aus dem Amerikanischen von Werner Schmitz.

Doris Lessing (1919, Kermānschāh – 2013, London)
Rufus. Aus: dies., *Doris Lessings Katzenbuch. Mit 18 Katzenporträts von Isolde Ohlbaum.* Copyright © 1967 Doris Lessing Productions Ltd. / © 1989 Michael Joseph Ltd., London / © 1998 Doris Lessing. Klett-Cotta, Stuttgart 1999. Aus dem Englischen von Ursula von Wiese, Manfred Ohl, Hans Sartorius und Hans J. Schütz.

Johann Richard zur Megede (1864, Sagan–1906, Bartoszyce)
Der Überkater. Auszug aus dem gleichnamigen Roman. Deutsche Verlags-Anstalt, Stuttgart 1904.

David Michie (*1962, Harare)
Die Katze des Dalai Lama. Auszug aus dem gleichnamigen Roman. Copyright © 2014 Lotos Verlag, München, in der Verlagsgruppe Random House GmbH. Aus dem Englischen von Kurt Lang.

Kate Moore (*1979, Oxfordshire)
Die Geburt eines Stars. Aus: dies., *Felix, die Bahnhofskatze.* Copyright © 2018 Knaur Verlag. Ein Imprint der Verlagsgruppe Droemer Knaur GmbH & Co. KG, München. Aus dem Englischen von Jochen Schwarzer.

Ingrid Noll (*1935, Shanghai)
Katerlieschen. Aus: Elke Heidenreich (Hrsg.), *Katzenmusik und Katerstimmung*. Copyright © 2012, Diogenes Verlag AG Zürich.

Cees Nooteboom (*1933, Den Haag)
Fledermaus. Aus: ders., *Roter Regen. Leichte Geschichten.* Copyright © Suhrkamp Verlag Frankfurt am Main 2007. Aus dem Niederländischen von Helga van Beuningen.

Liaty Pisani (*1950, Mailand)
Katzenmutter. Originalbeitrag für diese Anthologie. Abdruck mit freundlicher Genehmigung der Autorin. Copyright © 2019 by Liaty Pisani. Copyright der deutschsprachigen Übersetzung © 2019, Diogenes Verlag AG Zürich. Aus dem Italienischen von Anja Mehrmann.

Meir Shalev (*1948, Nahalal)
Kater Kramer. Aus: ders., *Mein Wildgarten*. Copyright © 2017

by Meir Shalev. Copyright der deutschsprachigen Ausgabe © 2017, Diogenes Verlag AG Zürich. Aus dem Hebräischen von Ruth Achlama.

Henry Slesar (1927, New York City–2002, ebd.)
Mein Vater, der Kater. Aus der gleichnamigen Erzählsammlung. Copyright © 1962, 1975, 1994, 1998, 1999, 2000, 2001 by Henry Slesar. Copyright der deutschsprachigen Ausgabe © 2001, Diogenes Verlag AG Zürich. Aus dem Amerikanischen von Jobst-Christian Rojahn.

John Updike (1932, Reading–2009, Danvers)
Die Katzen. Aus: ders., *Wie war's wirklich*. Originaltitel: *Licks of Love*. Copyright © 2000 John Updike. Copyright der deutschsprachigen Ausgabe © 2004 Rowohlt Verlag GmbH, Reinbek bei Hamburg. Aus dem Amerikanischen von Maria Carlsson.

Benedict Wells (*1984, München)
Richard. Aus: ders., *Die Wahrheit über das Lügen. Zehn Geschichten aus zehn Jahren*. Copyright © 2018, Diogenes Verlag AG Zürich.